T0267632

ABRAZA
TUS SOMBRAS
DESCUBRE
TU LUZ

M

María Muebra

ABRAZA TUS SOMBRAS DESCUBRE TU LUZ

Siente el poder transformador
de las heridas y vive en paz
con tu yo auténtico

Montena

Papel certificado por el Forest Stewardship Council®

Primera edición: mayo de 2024

© 2024, María Muebra
© 2024, Penguin Random House Grupo Editorial, S. A. U.
Travessera de Gràcia, 47-49. 08021 Barcelona
Diseño de interiores: Penguin Random House Grupo Editorial / Angie Izquierdo
© Shutterstock, por los recursos de interiores

Printed in Spain – Impreso en España

ISBN: 978-84-19746-43-6
Depósito legal: B-4.466-2024

Compuesto en Comptex & Ass., S. L.
Impreso en Impreso en Limpergraf, S. L.
Barberà del Vallès (Barcelona)

GT 4 6 4 3 6

A quienes se sienten perdidos en la oscuridad
de la tormenta intentando encontrar su faro,
y a mí misma, por atreverme a elegir
el camino del corazón aún con miedo

ÍNDICE

CREA TU FUTURO
Construye una vida de la que puedas sentirte orgullosa
en libertad y en conexión con todo lo que eres

PRÓLOGO

En ciertos momentos de la vida, ocurren hechos que nos llenan de oscuridad y que nos quitan el control sobre lo que nos acontece. Así es como comenzamos a cuestionar nuestros pensamientos, creencias y valores, quiénes somos en realidad y cuál es el propósito de estar en este mundo. Si estás en uno de esos momentos y sientes que nada tiene sentido, este libro es para ti. Por eso es importante que sepas que durante la redacción de este libro, he tenido la intención de que todas y todos puedan sentirse identificados, así que permíteme que a lo largo de las siguientes páginas vaya intercalando ambos géneros, tanto el masculino como el femenino.

Yo misma pasé muchos años desconectada de lo que necesitaba de verdad, de lo que me convenía. Apenas me conocía y nadie me había enseñado a conocerme, a aceptarme o a averiguar qué era aquello que quería y me hacía bien. No te voy a negar que siempre he tenido la sensación de que mi forma de ser y de estar en el mundo no encajaba muy bien con el estándar del ambiente en el cual me movía, lo cual no quiere decir que fuera un ambiente hostil, sino que mi forma de afrontar la vida no resonaba con la perspectiva de mi entorno. En vez de comprenderme y aceptarme tal cual era, con todas mis diferencias, acabé pensando que había algo defectuoso en mí y rechazándome por ello. Por ejemplo, muchas veces me forzaba a salir junto a grupos de personas en donde no sentía que podía ser yo misma y me sentía sola incluso cuando estaba rodeada de gente. Anestesiaba mis emociones para no incomodar a otros e intentaba complacer y satisfacer los deseos y necesidades de los demás por encima de los míos. Todo ello lo hacía porque era lo que había interpretado que mi entorno esperaba de mí para lograr ser querida y aceptada.

El amor es lo más preciado para cualquier ser humano y, con tal de no perderlo, nos adaptamos a lo que haga falta. Nos olvidamos de nosotras mismas, de nuestras necesidades, y es ahí cuando te das cuenta de cada una de las heridas emocionales que hay detrás de esos comportamientos que nos acaban alejando de nuestro yo más auténtico.

Durante el transcurso de mi adolescencia y de los primeros años de mi veintena, en mis pensamientos surgían las mismas preguntas: ¿Por qué me siento tan incomprendida en este mundo? ¿Por qué siento que haga lo que haga no encajo en ningún sitio? ¿Por qué me siento tan perdida en la vida? ¿Esta sensación de vacío que siento podrá desaparecer algún día? ¿Por qué tengo que ser tan sensible? Y, en definitiva, ¿por qué me siento como un bicho raro vaya a donde vaya?

Todas estas preguntas aluden a cuestionamientos propios del tránsito de lo que muchas veces es nombrado como «crisis existencial» o «pérdida de sentido». Ante todas estas sensaciones, lo único que muchas veces queda es aceptar y rendirse ante el dolor y dejar que este nos transforme.

En mi caso, la vida se encargó de hacerme llegar dichas preguntas. El dolor que surgió de la impotencia de no poder encontrar respuestas me hizo conectar con el conocimiento y la sabiduría universal que cada ser humano alberga dentro. Este proceso me hizo darle espacio a la creencia de que todas las personas somos canales por donde el conocimiento fluye y, si una lo siente, puede conectarse con ese conocimiento universal y bajarlo a tierra permitiendo que la vida te hable. Esto de primeras te puede sonar muy trascendental y metafísico, pero cuando una desea y se regocija en una voluntad de evolución y consciencia, la vida no tiene otra salida que hacerte llegar el encuentro con ese conocimiento y esa sabiduría de mil formas diversas.

Este conocimiento llegó a mi vida a través de la terapia humanista, por medio de mi psicóloga y terapeuta, a quien le agradezco de todo corazón todo su amor y acompañamiento en este proceso. También, a través de momentos de silencio y contemplaciones en ambientes naturales que me permitían desconectarme del ruido externo y por medio de la escritura terapéutica, de libros, de archivos, de viajes y de formaciones. Pero, sobre todo, hubo algo que marcó un antes y un después en mi camino y que tiene que ver con la inspiración que las infancias de diferentes niños trajeron a mi vida. Siento que los niños han sido mis mayores maestros en este viaje de autoconocimiento, por mucho que la sociedad tenga tendencia a no creer en su gran sabiduría.

Ellos me dieron un soplo de inspiración al corazón para abrirme de verdad ante la vida, comenzar a sanar mis heridas y aprender a quitarme la venda que me impedía ver el mundo con una mirada distinta. Hablo de cada uno de los niños con los cuales me he cruzado en mi vida, pero en especial de uno en concreto, a quien llamaremos Alex, que conocí antes de dedicarme al acompañamiento terapéutico, cuando a los veintiún años cursaba prácticas de enseñanza en un colegio de primaria.

Alex era por aquel entonces un niño de doce años que, al igual que yo, estaba transitando un episodio doloroso a raíz de la imposibilidad de adaptarse a su nuevo entorno. Sus padres se acababan de divorciar, su madre se había quedado en Francia, su lugar de nacimiento, y él había tenido que venirse forzosamente a España con su padre. Desde el primer momento en el que nos conocimos, algo hizo que conectásemos y, por otro lado, mi deseo de aliviar mi propio dolor consiguió que durante todos los meses que pudimos vernos, fuera fácil acompañarlo a él también en el suyo propio.

Y fue en uno de esos días de orientación en el colegio cuando recibí por parte de Alex una pregunta inesperada: «María, ¿te has planteado alguna vez ser terapeuta? Y ¿por qué no pruebas a crear contenido para las redes sociales? Creo que deberías darte a conocer para poder abrazar a otros cuando la vida a ellos también les duela».

Y así fue como puedo atreverme a decir que ese momento marcó un punto de inflexión en mi vida. A pesar de mis miedos e inseguridades, decidí formarme como terapeuta. Me sumergí en un profundo viaje de indagación en la relación que tenía conmigo misma y con mi pasado; la primera parada en este camino fue gracias a mi encuentro con Álex, con su infancia y con sus heridas, que, al mismo tiempo, reflejaban las mías. Acompañarlo en su dolor me ayudaba a aliviar a ese trocito de niña que vivía en mí y que necesitaba que alguien aprendiera a cuidar, junto con otras porciones de mi interior que también formaban parte de mi personalidad en el presente. Comencé a ser consciente de este yo auténtico que todos llevamos dentro, un yo que está dotado de cualidades como la creatividad, la claridad, la conexión, el coraje, la confianza, la compasión, la curiosidad y la calma, un yo que es capaz de construir un futuro esperanzador y hermoso para nosotras mismas y para el mundo.

❖

Un futuro donde poder abrazar nuestra autenticidad en libertad y en comunión con nuestro propósito, con nuestros dones y talentos y con quien en realidad vinimos a ser a este mundo.

❖

Este proceso pasa por tres fases de aprendizaje. Se trata del maravilloso viaje de la búsqueda y de la aceptación de quién soy en realidad y de mi verdad, pero también del encuentro conmigo misma más allá de mis traumas, de mis máscaras y de mis heridas. Para mí ha sido importante sobre todo aportarles a estas últimas un espacio sagrado en mi vida, como podrás descubrir en la última parte de este libro.

Te mostraré diferentes conocimientos y aprendizajes que he ido recorriendo (y aún lo sigo haciendo) a base de caídas y tropiezos, porque por encima de todo soy humana. Eres humana, somos humanas y no lo tenemos todo resuelto (y a mucha honra). Por ello, permíteme decirte que, por favor, desconfíes en tu vida de todo aquel que te diga que lo tiene todo resuelto, porque las probabilidades de que te esté engañando son altísimas.

Dicho esto, procedo a mostrarte un resumen de las tres fases a través de las cuales te invito a recorrer este viaje de reencuentro contigo misma junto a mi abrazo y compañía:

- **La primera parada pasa por hacer consciente lo inconsciente.** Es decir, a nivel general, se hace difícil reparar en el presente aquello que no conocemos de nuestro pasado. Por ello, esta primera fase trata de indagar un poco en la propia mochila que traes preparada para el viaje y en las heridas emocionales con las que puedes estar cargando fruto de experiencias difíciles de tu infancia o del pasado. Así podrás comenzar a conocerte y llegar a comprenderte.

- **En la segunda parada nos centraremos en tu conexión intrapersonal e interpersonal.** Nos seguiremos adentrando en el camino del autoconocimiento, pero fijándonos en tu conexión contigo misma y hacia los demás. La conexión contigo misma significa darle espacio a todo lo que tu mundo interior contiene (tus ideas, tus pensamientos, tus emociones, tus deseos, tus necesidades y tus principios o valores) y, en consecuencia, a aprender a nutrir ese mundo desde tu parte adulta, como si fueras tu propia planta, en amor y aceptación con todo lo que eres mientras que le damos paso a una apertura de corazón hacia la conexión con los otros.

- **En la tercera parada, construiremos una vida en la que sentirnos orgullosas.** Nos dedicaremos a reflexionar acerca de qué necesitamos para vivir en libertad y en conexión con todo lo que somos y traemos dentro de nosotras. Saber quiénes somos, qué necesitamos y qué podemos aportar va a hacer que podamos compartir con el mundo nuestra belleza y sabiduría y abrazar así nuestra propia realización.

Pero, sobre todo, vamos a ir descubriendo todo este camino con mucha curiosidad, coraje, amabilidad y paciencia, cualidades claves integradas en el cultivo de la compasión. Estas, en el transcurso de este proceso, nos irán ayudando a transitar, a integrar y a aliviar nuestro dolor y las corazas que hemos construido alrededor de él en cada etapa del camino.

Por supuesto, es importante aclarar que ninguna de estas tres etapas que vas a encontrar por aquí tienen un formato lineal, es decir, este no es un proceso con un principio y final en una única dirección. A mí personalmente me gusta imaginármelo dibujando una espiral en la que en su recorrido avanzamos y podemos pasar por las mismas fases casi durante toda nuestra existencia. Aunque en muchas circunstancias puedas sentir que estás pasando por momentos parecidos, jamás es lo mismo. Con cada vivencia, tu fortaleza interior y tu nivel de consciencia han quedado transformados y, por lo tanto, la forma de relacionarte con estos momentos ha cambiado.

Me gusta verlo como un viaje lleno de historias que se repiten una y otra vez. Y, si bien es cierto que este trayecto es un desafío abrumador y a veces incluso algo solitario, es maravilloso conectar con la consciencia y el coraje necesarios para querer hacerlo, en particular teniendo en cuenta que el camino de la reconexión con quien tú eres no está exento de dolor y de adversidades. Pero ¡ojo!, ese dolor no es tu enemigo, sino un compañero que tiene la intención de señalarte el camino hacia una vida en la que podrás permitirte vivir de todo corazón y romper con todas las mentiras que te han contado acerca de quién eres y de qué es lo que más te conviene.

Es importante tener en cuenta que en realidad el dolor no es el problema, sino que es la señal que nos ayuda a liberarnos de aquello que nos han dicho que deberíamos ser, para reconectar con quienes queremos abrirnos a ser de verdad y así poder vivir una vida más alineada y en coherencia con los deseos de nuestra esencia. Aunque esto muchas veces implique aceptar que va a ver gente que se va a enfadar cuando comiences a embarcarte en este viaje, pero no es tu trabajo cumplir con las expectativas que tengan otras personas puestas en ti misma.

Para mí, el trabajo más honesto y sincero de crecimiento personal consiste en reaprender a conectar en mayor o menor medida con nuestra autenticidad y con todo lo que eso conlleva. Consiste en reaprender a vivir y a amar de todo corazón, a abrirnos a nuestra propia vulnerabilidad de cara a los otros, desde la compasión y aceptando la posibilidad de que, si bien es cierto que podemos ser dañados, también podemos ser amados. Eso es muy poderoso porque nos acerca a nuestra propia verdad, a la reconexión con nuestra esencia.

Puede que el comienzo de tu libertad no sea agradable de sentir, pero es el precio de elegirte y de comenzar a amarte.

¡Y te prometo que merece muchísimo la pena!

Deseo de todo corazón que, durante las diferentes etapas de este viaje, puedas sentir por mi parte un poco de calor humano. Así que, con mucha amabilidad y con una gran apertura de mente y de corazón, ¡empecemos juntas!

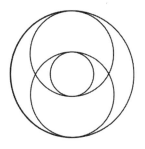

CONOCE TU PASADO

Es difícil sanar
lo que no conocemos

1

¿CUÁLES SON LAS HERIDAS DE TU INFANCIA?

Todos tenemos un pasado. Y, aunque este ya no exista, las experiencias vividas en la infancia marcan nuestra edad adulta. Sin embargo, hay gente que opina que conocer el pasado es una pérdida de tiempo y que lo importante es poner atención en el presente. Muchas veces, este razonamiento nace del temor a darle espacio a ese dolor que puede generar el recuerdo de nuestro pasado y, si este es tu caso, te digo de corazón que no estás sola en esto y desde aquí te abrazo.

Por ello, si así lo sientes, deseo que puedas permitirte ir despacio, muy lento, en este camino y a tu propio ritmo. Si la situación te sobrepasa, espero que puedas acompañarte en tu vida de un terapeuta o de un profesional de la salud que te ayude a integrar y a sanar ese pasado. Lo importante es que puedas darte permiso para escucharte y ser sincera contigo misma a cada paso. No hay nada malo en ti. A veces simplemente el dolor nos supera y nos toca parar y pedir ayuda para aprender a hacerle espacio.

Ahora bien, conocer nuestro pasado implica comprender con cariño y sin juicio por qué hoy nos comportamos de cierta manera ante algunos eventos. En muchos casos, este tipo de reacciones se conectan con situaciones experimentadas en la infancia durante las que puede que no fuésemos acompañadas ni comprendidas como de verdad necesitábamos. Eso nos puede haber llevado a interiorizar patrones de pensamiento que nos acabaron desconectando de nuestro yo más auténtico. Por ese motivo, cuando nos permitimos explorar la influencia que tuvieron nuestras experiencias tempranas en nuestra forma de comportarnos, de sentir o de pensar, podemos llegar a comprendernos con mucha más amabilidad para conectar con nosotras mismas y con nuestra verdad.

Los seres humanos somos seres vulnerables y, en el momento en el que llegamos al mundo, lo somos aún más. Según Eric Berne, creador del análisis transaccional como un enfoque terapéutico dentro de la psicología humanista, todos nacemos príncipes y princesas, pero en el camino de nuestro desarrollo vamos conformando una identidad dolorosa de creernos sapos o ranas en función de las relaciones que vamos estableciendo con ciertas personas o situaciones que acaban haciéndonos daño. Por eso, la influencia de los adultos responsables de acompañarnos en esta etapa tan frágil de nuestra vida es determinante en la manera en que nos percibimos a nosotras mismas y al mundo.

Si no se nos ha amado como hemos necesitado en la infancia y no se nos aceptó de manera incondicional, si nos negaron el afecto, la protección, la presencia, la intimidad, la pertenencia o la validación, es posible que esas experiencias acaben derivando en la creación de ciertas secuelas psicológicas o heridas emocionales que a la larga nos acaben doliendo (¡y mucho!) si no aprendemos a gestionarlas.

Por ejemplo, voy a compartir a continuación varios comentarios hirientes que les repetían muchas veces durante su niñez a algunas de las personas a quienes acompaño en terapia. Veremos si a ti también te resuena alguno:

- «Con todo lo que hemos hecho por ti y qué desagradecida que eres».
- «¡Ay qué dramática te pones!».
- «¡Eres demasiado sensible!».
- «¿Ya estás llorando otra vez? ¡Si es una tontería!».
- «No te enfades, que nadie va a quererte si te enfadas».
- «Tienes que ser una niña buena y ayudar siempre».
- «Calladita estás más guapa».
- «¿Te vas a poner así por eso?».
- «Como no cambies, ¡nadie te va a aguantar en un futuro!».

La consecuencia de convivir con este tipo de comentarios a lo largo del tiempo es que acabamos por interiorizar la creencia de que no somos lo suficientemente buenas, de que hay algo malo en nosotras que no merece amor. Ya que aprendimos que para que nos quisieran teníamos que ser «buenas» y complacientes con las necesidades de los demás por encima de las nuestras.

Por cierto, sabrás que una herida permanece abierta cuando algo te afecta demasiado y te hace reaccionar de manera desbordada ante alguna situación. Como has visto, puede ser que varias heridas emocionales que tienes en tu vida hoy vengan de tu infancia, de tu niña interior. Tu niña interior es esa parte vulnerable que vive dentro de ti y que hace alusión a la que fuiste y que vivió las experiencias más agradables y desagradables de tu infancia. Las heridas están ahí, provocando que reaccionemos de manera automática frente a situaciones concretas sin saber muy bien qué es lo que hace que lo hagamos. Podemos rechazar, ignorar o dejar de lado estas heridas, pero eso no hace que desaparezcan. De hecho, todo lo contrario: cada vez que intentas ignorarlas, vuelven aún con más fuerza.

¿Te imaginas qué ocurriría si un alérgico al polvo metiera debajo de un tapete de su casa toda la mugre para deshacerse de ella? ¿O si nos da por ponernos tiritas o vendas en heridas profundas sin antes limpiarlas, curarlas y dejarlas que cicatricen? Pues algo parecido ocurre con nuestras heridas emocionales.

Aceptar nuestras heridas no pasa por el camino de la resignación, sino por el de la transformación y la compasión ante el dolor de lo que tuvo que ser y no fue, de lo que fue que no tuvo que ser. Pasa por reconocer que, por encima de todo, nada de lo que ocurrió fue culpa de esa niña.

Aprender a identificar tus heridas te ayuda a conocerte y a comprenderte. Por ello, creo importante hablarte a continuación de los diferentes tipos de heridas que podemos encontrar en este proceso. Para ello, la escritora Lise Bourbeau se encargó de realizar una clasificación de cinco heridas que impedían al ser humano poder compartir con el mundo su yo más auténtico. Son las siguientes: la del rechazo, la del abandono, la de la humillación, la de la injusticia y la de la traición.

Te comento un poco más sobre estas cinco heridas por si conectas con alguna en tu vida, aunque en general tengo que reconocer que mi forma de ver las heridas que habitan en la parte niña de cada persona suele ser un poco más concreta y no tan global como la visión que aparece a continuación.

Herida	¿Cómo se activa?	¿Cómo se sana?
ABANDONO	Se activa cuando tienes miedo a estar sola, por lo que a veces podrás tender a la dependencia emocional, poniendo las necesidades de los demás por encima de las tuyas propias y haciendo que tu vida emocional gire en torno a la de otros. Pudo haber sido provocada cuando en tu infancia a veces los adultos responsables de tu cuidado estuvieron disponibles para cubrir tus propias necesidades y a veces no.	Esta herida sana cuando poco a poco vas aprendiendo a regularte por ti misma y a estar a solas contigo, disfrutando de tu propia compañía.
RECHAZO	Se activa cuando interpretamos que nuestro entorno no nos acepta con nuestras ideas, sentimientos, estructura corporal y vivencias. Pudo haber sido provocada por una interpretación de que las personas responsables de cuidarnos y aceptarnos tal cual éramos no lo hicieron.	Se sana cuando vas aprendiendo a reafirmar quién eres en el mundo y a reparar tu autovaloración y seguridad personal.
HUMILLACIÓN	Se activa a través de las burlas, la ridiculización y las críticas. Pudo haber sido provocada por humillaciones y desprecios durante la infancia que afectaron al reconocimiento de la propia valía.	Se sana haciendo consciente el dolor. Aprendiendo a tratarte con compasión y dejando ir de tu corazón y de tu mente a las personas que en tu pasado te hicieron daño.
TRAICIÓN	Se activa a través de la falta de confianza cuando sospechamos que alguien no ha sido honesto con nosotras o no ha cumplido con su palabra. Pudo haber sido provocada si en tu infancia no fueron honestos contigo y tuviste que acabar desconfiando de los adultos responsables de tu cuidado. Detrás de este perfil, muchas veces existen comportamientos relacionados con el control, la envidia y el rencor.	Se sana trabajando la aceptación y la confianza.

Herida	¿Cómo se activa?	¿Cómo se sana?
INJUSTICIA	Se activa con la falta de justicia. Pudo haber sido provocada si en tu infancia tus cuidadores fueron muy autoritarios contigo y eso te ha llevado a generar juicios hacia ti misma, así como críticas y desacuerdos frente a opiniones ajenas. Esto repercute en la aceptación de la diversidad de pensamiento.	Se sana trabajando en la tolerancia y en la compasión contigo misma y con los demás a la hora de cometer errores.

Al final, es muy fácil que carguemos con heridas emocionales en nuestro interior, por mucho que nuestros padres o cuidadores nos quisieran mucho y se esforzasen en nuestra crianza, ya que, en el fondo, nadie te enseña a ser padre.

En este punto, quiero subrayar una cosa: si se da la coincidencia de que justo tú que estás leyendo esto, eres papá, mamá o responsable del cuidado de algún niño (profesor, maestro, tutor, tío, primo...) y tras haber leído este primer capítulo te empieza a invadir una sensación de culpa, por favor, quiero decirte que no siempre podemos evitar hacerles daño a aquellos a quienes más amamos.

Equivocarse es de humanos. No existe la mamá, el papá o el cuidador perfecto. También es importante que tengamos cuidado con esto para no llenarnos de culpa, pero sí de responsabilidad y consciencia.

Casi todos los seres humanos acabamos lastimando a varias personas a lo largo de nuestra vida y esto incluye también a los niños, a los cuales los adultos tenemos la responsabilidad de acompañar en su propio desarrollo. Sin embargo, es importante que te recuerdes a menudo que todo lo que hiciste en el pasado, lo hiciste con la información y con la consciencia que tenías en ese momento y que, en cada parte del camino, de lo que se trata es de aprender a dar lo mejor de nosotras mismas desde el amor y el cariño.

2

LA INFLUENCIA DE TU INFANCIA EN LA BÚSQUEDA DE TU YO AUTÉNTICO

Los seres humanos nacemos con la seguridad imprescindible de que todas nuestras necesidades van a ser cubiertas. Pero, poco a poco, durante el camino, nos vamos dando cuenta de que no siempre es así. Nos llenamos de corazas que acaban alejándonos del valioso mundo interno que tenemos, el cual hace de puente en la creación de relaciones auténticas con los demás y con nosotras mismas. Es decir, acabamos distanciándonos de muchos de nuestros sentimientos, emociones, necesidades, principios, deseos, anhelos y sueños más honestos.

Estas corazas forman parte de una analogía. A veces se usan para describir un conjunto de mecanismos de defensa formados por hábitos y creencias que repercuten en el comportamiento y en la relación con una misma y con el mundo. Es decir, esa coraza es todo lo que usamos con el fin de protegernos y evitar volver a sentir el dolor del pasado o vivir experiencias en donde acabemos de nuevo siendo lastimados. Estos mecanismos fueron propuestos por Anna Freud desde el paradigma del psicoanálisis. Se les suele clasificar como primarios (desarrollados en la infancia) o secundarios (desarrollados en épocas posteriores)

ABRAZA TUS SOMBRAS, DESCUBRE TU LUZ

y, aunque existan muchas clasificaciones, mencionaré tres que por ahora son las que más nos pueden hacer falta comprender a lo largo de este viaje: la represión, la proyección y la introyección. A continuación te hago un breve resumen sobre cada uno de estos mecanismos para que los entiendas y los puedas identificar:

- **La represión.** Esta forma de actuar consiste en eliminar los aspectos de nuestra vida que podrían resultar dolorosos cuando, por ejemplo, durante nuestro desarrollo no fueron acogidos por los adultos que nos cuidaban y tuvimos que hacerlos inconscientes (sentimientos, emociones, necesidades, principios, deseos, talentos, dones, anhelos y sueños).
- **La proyección.** Se trata de atribuir nuestro mundo interno a los demás y a veces, pero no siempre, se puede llegar a utilizar para evitar hacernos responsables de todo ello. Por ejemplo, cuando abrazamos a través de la compasión cualquier tipo de malestar en nosotras mismas y, en consecuencia, podemos empatizar con el malestar ajeno. Pero también cuando, por ejemplo, en una pareja existe miedo al abandono por parte de uno de los miembros, debido a que en el pasado en otra relación sufrió una infidelidad y ahora, en esta relación, percibe sospechas de infidelidad constantemente donde puede que no las haya.
- **La introyección.** Se usa para ayudar a interiorizar la mayor parte de las cualidades, pensamientos y comportamientos de otras personas que no son auténticamente nuestros. Por ejemplo, podemos encontrarlo en comentarios del tipo: «Los hombres no lloran» o «Ser vulnerable es ser débil».

34

Como ves, vivir con una o varias corazas no es nada fácil, porque detrás de cada una de ellas se esconde el miedo a ser heridos.

La vida a veces nos muestra su peor cara y, si no sabemos cómo gestionar el dolor acaba por superarnos hasta tal punto que muchas veces acabamos anestesiándolo o guardándolo en un rincón de nuestro inconsciente.

Si te das cuenta, las corazas son como armaduras que utilizaban los caballeros del pasado cuando estaban en guerra. Estas armaduras eran tan fuertes que podían protegerlos de cualquier herida que un enemigo pudiera causarles y lo mismo ocurre hoy en día con nuestras propias corazas psicológicas. Nos ayudan a evitar exponernos a situaciones que interpretamos como potencialmente dañinas dentro de las relaciones humanas. Sin embargo, lo curioso es que también acaban por encerrarnos dentro de nosotras mismas y separándonos de los cuidados, del amor y del cariño de las personas que están dispuestas a querernos tal como somos.

De hecho, al escribir estas palabras me estoy acordando del *best seller*, de Robert Fisher, titulado: *El caballero de la armadura oxidada*. El protagonista era un caballero medieval que se consideraba bueno, valiente, generoso y amoroso, pero que no conseguía valorar todo lo que tenía en su vida y dejaba de lado a las personas que lo querían de verdad. Tenía una armadura brillante de la que jamás se desprendía y que le impedía crear relaciones profundas y auténticas con las personas de su entorno. Un día, su armadura se oxidó y, cuando se dio cuenta, ya era demasiado tarde para quitársela, se había convertido en un prisionero de su propio mundo. Así es como al final acababa por emprender un largo viaje que le permitiera recibir ayuda para liberarse por fin de su armadura.

Ahora te pregunto: ¿Te identificas con este personaje? Porque yo sí, ¡y mucho! Para mí, una de las lecciones más importantes que aprende el héroe del cuento es que la conexión real y auténtica con los propios deseos, necesidades, emociones y sentimientos reprimidos será un gran paso para poder liberarse de todo el peso que soporta debajo de la armadura. Para poder comprender e identificar los orígenes de la construcción de estas corazas o armaduras, hace falta seguir haciendo referencia a la infancia y a las diferentes formas en las cuales se nos hirió y alejó de nuestro yo auténtico.

Muchos de nosotros fuimos educados en la obediencia ciega y en la invalidación de las propias necesidades. Como comentaba en el capítulo anterior, durante la infancia y la adolescencia es probable que muchos fuésemos criados a través de mensajes que nos forzaban a ser y a comportarnos como los adultos querían. Para tener su amor, acabamos adaptándonos a sus deseos y haciendo lo que ellos esperaban de nosotros. Es ahí cuando comenzamos a perder la capacidad de ser nosotros mismos y a desconectarnos de nuestra interioridad por miedo a ser rechazados. Primero por nuestros padres, profesores o adultos de referencia y luego por nuestros amigos, parejas o cualquier otra persona con la que iniciáramos un vínculo importante.

Por ejemplo, puede que, ni en el colegio ni dentro de la familia, no nos sintiéramos con la libertad o con el permiso para darle espacio a todas nuestras necesidades y sentimientos que vivían dentro de nuestro mundo interno. Es decir, es posible que muchos de nosotros hayamos sufrido invalidación por parte de nuestro entorno. Ante todo, validar es acompañar y empatizar con todo lo que se cuece dentro de una persona, con todo aquello que la persona siente o necesita y, por lo tanto, la invalidación viene a ser justo lo contrario. Como sociedad, hemos aprendido por norma general a criticar, ridiculizar o minimizar todo sentimiento o pensamiento que vaya en contra de nuestra forma de ver las cosas.

¿Te ha pasado alguna vez que has llegado a creer que había algo malo en ti, en tu forma de sentir o de relacionarte con lo que estabas necesitando en un momento concreto? ¿Te ha pasado alguna vez que has llegado a sentir vergüenza de ti mismo por ser como eres y por ser quien en realidad eres?

Seguro que has escuchado más de una vez frases como: «Estás exagerando», «Te tomas las cosas muy a pecho», «No te preocupes que no es para tanto», «Tienes que pasar ya página», «No merece la pena que te pongas así por nada», «No estés triste que te pones fea», «No pasa nada, solo es un dolorcito de nada», «No tengas miedo que los mayores no tienen miedo», «No interrumpas cuando los adultos hablan y no molestes», «Eres un niño y tu opinión no importa», «Tú eres un niño, así que solo puedes ver, oír y callar».

Todo lo anterior y más son formas en las que la invalidación emocional se expresa tanto hacia niños como hacia adultos. Para todos los seres humanos es doloroso que nuestras vivencias interiores sean juzgadas, ignoradas o rechazadas. Al final, ¿cómo no vamos a creernos pequeños e insuficientes con estas formas de vinculación? ¿Cómo no vamos a dejar de hacerle caso a todo lo que nos ocurre por dentro? ¿Cómo no vamos a llenarnos de corazas emocionales? ¿Cómo no vamos a creer que sentir ciertas emociones no es correcto y que la mejor opción para encajar y ser aceptados tiene que ver con escoger el camino de la represión?

Recuerdo mis primeros años de mi etapa escolar. A esa María pequeña le costaba mucho ir al cole y separarse de su madre, para ella era un drama tremendo. Se podía pasar algunos días llorando de principio a fin durante toda la jornada escolar hasta tal punto que muchas veces terminaba vomitando, debido al estrés que experimentaba su cuerpo. No obstante, temo decir que eso no fue lo peor para esa niña, sino sentir que, cuando esto ocurría día tras día en su vida escolar, en lugar de recibir por parte de algunas maestras presencia, acompañamiento o conexión emocional, sentía negación, invalidación y rechazo hacia su tristeza y hacia el gran sentimiento de soledad y abandono que traía con ella. Sin embargo, qué diferente hubiera sido para esa niña poder haber recibido atención y presencia compasiva por parte de esas maestras con algún comentario como: «Comprendo que echas mucho de menos a tu mamá. Es normal llorar cuando se echa de menos a alguien a quien quieres mucho. A mí también me pasa cuando echo de menos a mi mamá o a mis seres queridos. ¿Qué puedo hacer por ti en estos momentos?».

Para el doctor Gabor Maté, escritor y médico especializado en el tratamiento del trauma infantil, ningún niño se traumatiza por sentir dolor, sino porque se siente solo frente a ese dolor. No es la situación vivida lo que más le duele al ser humano, sino sentir que tiene que transitar solo por esa experiencia sin recibir apoyo. En mi caso personal, sentirme sola frente a un hecho tan difícil como era la separación del vínculo con mi madre durante todas las mañanas y sentir la soledad tan de cerca, pudo haber influido en la aparición de ciertas creencias acerca de mí misma que durante parte de mi infancia y adolescencia tuvieron un impacto en la autoestima y en la forma de vincularme con el mundo.

Pensamientos del tipo: «Si expreso mis emociones, voy a molestar y me pueden castigar», «No debería sentir lo que siento» o «Si me muestro vulnerable, me acabaré quedando sin amigos y nadie podrá quererme». A largo plazo, estas ideas se transforman en creencias y provocan la represión de emociones que más nos cuesta permitirnos sentir, como la tristeza, el miedo y el enfado. Cuando éramos niños y no nos sentimos aceptados ni comprendidos tal cual éramos, es muy probable que acabásemos reprimiéndolo todo o parte de la riqueza que alberga nuestro mundo interno, trayendo mucho más dolor a nuestras vidas.

A todo esto, puede que te acabes preguntando: ¿Y qué ocurre con toda esa riqueza interior reprimida? ¿Con todos esos sentimientos, emociones, deseos y necesidades que nos vimos presionados a anestesiar y dejar de lado por pura supervivencia?

De nuevo, trayendo la psicología analítica del suizo Carl Gustav Jung, nos encontramos a continuación con el concepto de «la sombra». Este término representa a todas aquellas partes de nuestra personalidad que forman el yo, pero que, como acabamos de comentar, han sido negadas o rechazadas primero por la sociedad y por las personas adultas de nuestra infancia, y como efecto luego perpetuadas por nosotras mismas.

Como ya sabemos, a medida que iba transcurriendo nuestra infancia, dejamos de permitirnos escuchar a nuestro verdadero ser porque pensamos que estábamos equivocados sintiendo y necesitando. Si los adultos juzgaban o rechazaban aquello que sentíamos o necesitábamos, interpretábamos que había algo erróneo dentro de nosotras, lo cual podía generar culpa, inseguridad, confusión y sometimiento. Los niños por naturaleza no tienen la capacidad para pensar que los adultos no siempre tienen la razón ni la verdad absoluta. Incluso en la sociedad, muchas veces a los niños se les educa en la sumisión y en la obe-diencia ciega sin contar con que por instinto y supervivencia el niño tiende a idealizar al adulto y a justificarlo. De hecho, se le hace creer que, si el adulto le falta al respeto o le hace algo hostil, es porque se lo merece y el problema o la equivocación es de él, no del adulto. Si nuestro mundo interno no fue escuchado ni respetado por los mayores, terminamos enviando todo ese mun-do a «la sombra». Al final, cuando somos adultos, toda esa re-presión vivida acaba repercutiendo y saliendo a la luz en la rela-ción que tenemos con nosotras mismas y con nuestros vínculos externos, lo cual provoca consecuencias en nuestro bienestar.

Estas son algunas de las posibles consecuencias que puede provocar esa represión o sombra:

- ♥ Tienes dificultad para sentirte merecedor de las cosas bonitas que te suceden en la vida. Sin embargo, te sien-tes merecedor y culpable de muchas de las desgracias que también te ocurren.
- ♥ Eres incapaz de confiar en ti misma y de tomar tus de-cisiones, por eso buscas la aprobación de los demás constantemente.
- ♥ Tienes tendencia a desconectarte del malestar emocio-nal porque crees que es sinónimo de debilidad.
- ♥ Crees que siempre eres el culpable de que otros te tra-ten de forma hostil.
- ♥ Toleras y justificas conductas irrespetuosas de otros que no están alineados con tus propios valores.
- ♥ Tienes dificultades para construir relaciones sanas.
- ♥ Te sueles criticar mucho cada vez que te equivocas y eres poco tolerante y compasiva contigo misma.

♥ Te cuesta descansar y no ser productivo (según lo que la sociedad define como «ser alguien productivo») porque sientes que pierdes el tiempo.

♥ Tienes problemas para decir «no» o eres incapaz de poner límites, de expresar aquello que necesitas o aquello que te molesta del otro por diferentes miedos.

♥ Te centras en satisfacer las necesidades de los demás y te olvidas de las tuyas. Es decir, actúas como salvadora de los demás para solucionarles sus problemas cuando a lo mejor no te lo han pedido o simplemente ellos podrían hacerlo por sí mismos.

♥ Sientes que tienes baja autoestima, poca creatividad, poca curiosidad o poca motivación en tu vida.

♥ Sientes que, si te muestras vulnerable o compartes con el mundo quién eres, las personas que hay en tu vida acabarán por alejarse.

♥ Te sientes perdida y crees que tu vida está vacía de sentido o propósito.

¿Cuánto tiempo más seguiremos complaciendo a otros y dejando de lado lo que de verdad queremos? ¿Cuánto tiempo más podremos permitirnos hacer lo que se espera de nosotros en contra de nuestras emociones, necesidades, valores y deseos?

Todos tenemos derecho a saber quiénes somos y a conocernos con nuestras luces y sombras. Así es como llegamos a saber qué es lo que queremos en realidad, para dejar de sentirnos tan perdidos en la vida y para dejar de sentir que no encajamos en este mundo. Recuerda que solo puede haber sombras cuando hay luz. Lo importante es saberlas reconocer para poderles hacer frente, abrazarlas y, solo así, descubrir nuestra luz.

Una vez que hemos podido tomar consciencia de todo eso que nos faltó en el pasado y de todo aquello que tuvimos que reprimir para recibir amor y poder ser aceptados, es cuando podremos ir al verdadero encuentro de nuestro yo auténtico.

❖

«Solo cuando tengamos la valentía suficiente
para explorar nuestros lados oscuros, descubriremos
el poder infinito de nuestra luz».

BRENÉ BROWN

❖

Ahora bien, ¿qué entendemos por autenticidad? ¿Y quién es ese yo auténtico?

En primer lugar, si buscamos la palabra «auténtico» en el diccionario de la RAE, aparecen varias definiciones:

auténtico, ca
Del lat. tardío *authentĭcus*, y este del gr. αὐθεντικός *authentikós*.
1. adj. Acreditado como cierto y verdadero por los caracteres o requisitos que en ello concurren.
2. adj. coloq. Consecuente consigo mismo, que se muestra tal y como es.

Por lo tanto, podríamos atrevernos a decir que ser auténtico es la elección de ser honesto y verdadero con uno mismo y con los demás, junto a la decisión de aceptarte y abrazarte de manera incondicional con todo lo que eres y traes contigo. Tanto con tus partes más luminosas como con tus partes más oscuras, con responsabilidad y coraje. Ser auténtico es también per-

44

mitir que nuestro verdadero yo salga a la luz con sus defectos y virtudes, así como poder acompañarlo con comprensión y compasión.

♥ Cuando intentas cumplir a toda costa con las expectativas que tienen sobre ti los otros, te estás alejando de tu ser auténtico.

♥ Cuando no estás dispuesto a decepcionar o a ser rechazado por los otros, te estás alejando de tu ser auténtico.

♥ Cuando no eres consciente de que la culpa y la vergüenza controlan tu vida y acabas interiorizando la creencia de que no está bien ser como eres, te estás alejando de tu ser auténtico.

♥ Cuando la mayoría de las veces eliges hacer felices a los demás por encima de ti misma, te estás alejando de tu ser auténtico.

Para Brené Brown, investigadora y autora de *Los dones de la imperfección*, la autenticidad es «la práctica diaria de librarnos de lo que creemos que deberíamos ser y abrazar en cambio lo que en realidad somos». Elegir todos los días la autenticidad en una sociedad que busca alejarnos constantemente de nosotras mismas viene a significar:

• Cultivar el coraje de ser imperfectos, establecer límites y darnos permiso para ser vulnerables.

• Nutrir la conexión y la sensación de pertenencia, que solo pueden darse cuando creemos que somos suficientes tal cual somos.

- Aprender a vivir y a amar de todo corazón, incluso cuando nos resulta difícil, incluso cuando tenemos que luchar contra la vergüenza y el miedo a no ser suficientemente buenos, y sobre todo en los momentos en que sentimos una dicha tan intensa que nos asusta darnos permiso para disfrutarla.

- Ejercitar la compasión que procede de saber que todos estamos hechos de fuerza y esfuerzo. A lo que yo añadiría que al mismo tiempo procede de saber que el sufrimiento forma parte de toda vida y, por lo tanto, toca aprender a darle espacio en nuestras vidas y a acompañarlo.

En consecuencia, eres auténtico:

♥ Cuando eliges ser fiel a tus principios y no traicionarte.

♥ Cuando eliges con consciencia que la sabiduría del corazón te lleve por delante y dejas de lado la programación mental que interiorizaste.

♥ Cuando, a pesar de permitirte sentirlas, eliges que la culpa y la vergüenza no paralicen tu vida y le das más prioridad a hacerte visible que a lo que otros opinen.

Es ahí donde todo lo que no es verdadero acaba por marcharse y donde elige unirse y quedarse lo que vibra en humildad, amor y devoción.

Es ahí, en esas pequeñas pero a la vez dolorosas decisiones, donde puedes reencontrarte con la humanidad de tu yo auténtico y con toda la verdad y pureza que viven en ti. No es un camino fácil, pero merece la pena, y es que no hay nada que pueda llenarte más que vivir con autenticidad, siendo fiel a la persona que eres de verdad.

El niño como inspiración de autenticidad, verdad y pureza

Roya Heydari, una famosa fotógrafa y artista afgana, escribió en sus redes sociales una bonita reflexión que me llegó al corazón: «Los niños pequeños no tienen miedo de expresar sus verdaderos sentimientos. Son tan amables que, si ven el amor, se derretirán en él. No tienen miedo de amar. Esta es la descripción de un ser humano natural. Como niños no le tememos al futuro y no nos avergonzamos del pasado. Nuestro deseo humano y natural es disfrutar de la vida, jugar, descubrir, ser feliz y amar».

Es evidente que los niños pequeños no tienen miedo de ser vulnerables, de abrir su corazón y de dar amor. Esto es así porque no tienen miedo de mostrarle al mundo quiénes son ni necesitan ponerse máscaras, corazas o disfraces porque desde su naturaleza instintiva nace su coraje. Son almas libres, espontáneas, auténticas y curiosas hasta que el adulto les hace sentirse miserables con sus actos y su lenguaje, a través de juicios, broncas, castigos, amenazas y chantajes.

Ojalá llegue el día en donde todo el mundo pueda cuestionarse el porqué de tantos miedos e inseguridades, por qué se nos hace tan difícil vivir desde la conexión con nuestra naturaleza interior, por qué llegó un día en nuestras vidas en donde dejamos de vivir conectados a la fuente del amor para cerrar nuestro corazón por miedo al dolor producido por el comportamiento hostil de un mundo exterior.

¡Espero que llegue el día en donde nadie tenga que perder en el camino su inocencia por supervivencia!

Lo más seguro es que te estés preguntando que por qué justo ahora y en este apartado estoy volviendo a hacer mención a la niñez y a la naturaleza infantil. El motivo que hay detrás de ello es que entiendas que es inevitable que el viaje de reencuentro contigo misma pase por ir al encuentro de esa niña que, a pesar de todo lo pasado, aún vive dentro de ti. Espera ser amada y cuidada, está deseando poder salir al mundo externo a través del juego, el asombro, la creatividad, el placer, el disfrute y la presencia plena.

Recuerdo los meses en los que trabajé en una escuela infantil de Irlanda con niños de entre seis meses y cuatro años. Siendo sincera, me maravillaba contemplar su capacidad de asombro en donde todo lo novedoso les producía alegría y gozo junto a su apertura innata al misterio de la vida. Se cuestionaban sobre la propia vida, la realidad, la justicia, la muerte (los *por qué* y los *cómo*) y solían hacer preguntas acerca de quiénes eran, de dónde venían, el origen del mundo, etc. Otra de las cosas que más me inspiraba era su capacidad de sentir con naturalidad, ya que eran capaces de mostrarse tal como eran sin culpa ni vergüenza, y la capacidad que tenían de mirar más allá de las apariencias.

Daba igual cómo vinieras vestida o peinada, ya que con su presencia no podías sentirte juzgada.

A lo que quiero llegar es que en ese punto se encuentra el motivo por el cual sería tan beneficioso para nuestro yo adulto dejar salir al niño que llevamos siempre con nosotras. Reaprendiendo a maravillarnos de cada detalle que acontezca en nuestras vidas con optimismo y confianza.

De los niños podemos aprender:

- La extraordinaria curiosidad que tienen para explorar el mundo.
- Su tesón para levantarse cuando se caen.
- La despreocupación que tienen por hacer el ridículo.
- La gran capacidad de asombro incluso por las cosas más sencillas.
- La facilidad para vivir en el presente.

3

LA IMPORTANCIA DE LA CONSCIENCIA A LA HORA DE SANAR HERIDAS DEL PASADO

¿Por qué he creído necesario comentarte todo esto antes de pasar a la siguiente etapa del camino? Porque el conocimiento es poder y, en consecuencia, la consciencia nos da el poder de ser libres y de decidir de forma libre cómo vamos a querer ser en nuestro presente, independientemente de las situaciones que hayamos vivido en el pasado.

La consciencia es la base del proceso de sanación, sin ella no podemos empezar a sanar nada de lo que no conozcamos. Conocer tu historia con sus luces y sus sombrar te va a permitir conocerte a ti y a ayudarte a darte cuenta de cómo has llegado a ser quién eres ahora, otorgándote la libertad de elegir en el presente cómo te gustaría ser.

La primera parte del proceso de reparación de cualquier herida empieza con el conocimiento de que esa herida está presente y que, por lo tanto, nos está causando sufrimiento. El hecho de ser conscientes de ello hará que podamos desarrollar la compasión y, así, podremos acoger y dar espacio a la herida. La consciencia nos permite estar presentes con compasión y sin resistencia para lo que ocurra en cada momento.

Vamos a verlo con un ejemplo. Imagínate que estas heridas emocionales que fueron descritas en el primer capítulo (abandono, rechazo, humillación, traición e injusticia) son como unas gafas a través de las cuales vemos nuestra vida, hasta que las integramos, «sanamos» o reparamos. Estas gafas en sí no son nuestro enemigo, sino más bien un mecanismo de defensa de nuestra mente que nos ayuda a protegernos frente a una realidad que interpretamos como peligrosa para evitar que volvamos a experimentar alguna de las situaciones del pasado. El problema aparece cuando nos empeñamos en llevar puestas esas gafas durante mucho tiempo, lo que lleva a distorsionar por completo la percepción de la realidad y a impedirnos ser realistas y objetivos con lo que sucede en el presente.

Te voy a invitar a que visualices que llevas puestas unas gafas. A través de ellas siempre has podido ver el mundo sin saberlo y tienen unas lentes de color rojo. A continuación, imagina que estás con una amiga, con un amigo, con una pareja o con quien tú quieras y esta persona lleva puestas unas gafas de color azul sin saber tampoco que las lleva.

Ambos habéis decidido ir a Ikea a comprar un armario nuevo para una casa que tenéis en común. Os encontráis los dos caminando por la tienda cuando de repente, al final del pasillo, se encuentra un armario que quedaría perfecto en vuestra casa. Y tú, ilusionada, le dices a tu compañero:

—¡Mira! ¡Este armario rojo podría quedar perfecto en una de las habitaciones de nuestra nueva casita!

Sin embargo, tu compañero, incrédulo, comenta:

—¿Qué dices? ¡Pero si el armario es azul! Y no pega para nada con las paredes de ninguna habitación...

¿Te suena este ejemplo dentro de tu vida cotidiana en tus relaciones afectivas? Existe una frase que me encanta y que resume muchísimo este ejemplo. Se le atribuye a Jiddu Krishnamurti, un famoso orador indio de temas filosóficos y espirituales, y dice así: «No vemos las cosas como son, vemos las cosas como somos». Es decir, interpretamos el mundo de acuerdo con el color de nuestras gafas (nuestras heridas) y esta interpretación del mundo es la que al final acaba creando, en muchos casos, la realidad de cada uno.

Como me parece un tema bastante importante a la hora de liberarnos de todas aquellas corazas que nos distancian a veces de nosotras mismas y de los demás, te voy a poner a continuación algún ejemplo para que pueda haber mucha más consciencia y libertad de respuesta en tu vida cotidiana ante varias posibles circunstancias:

- Que tu pareja se haya encontrado con un amigo por la calle y se haya ido a tomar algo sin avisarte puede ser interpretado de primeras como un abandono, pero para otra persona puede ser visto en un principio como un encuentro casual de dos amigos que simplemente han aprovechado para tomarse algo durante ese encuentro.
- Que una persona ponga un límite o te diga que no le apetece ir a algún sitio que tú has propuesto puede ser visto como un rechazo, pero para otra persona puede ser un signo de honestidad y de confianza dentro de la relación.

- Un comentario constructivo sobre un trabajo puede ser visto como una señal de humillación para una persona que busca la valoración constante, pero para otra persona en cambio será una oportunidad de crecimiento.

¿Se te ocurre a ti alguna situación más?

Cada una de nosotras tenemos una manera particular de mirar el mundo, de interpretar los eventos y las acciones de las personas que nos rodean. Sin embargo, cuanto más consciente somos de que a veces tenemos unas gafas puestas que pueden distorsionar la realidad, más libertad podremos tener para decidir cómo querremos ver las cosas. Así podremos elegir responder desde una perspectiva más adulta, más compasiva y menos crítica con el mundo y sobre todo con nosotras mismas.

Date tiempo en tu proceso. Para tomar conciencia ante las corazas o armaduras que te hayas puesto por la herida no sanada, para aceptar y hacer el duelo por todo lo que no se pudo dar en el pasado y que a ti tanto te hubiera gustado.

Conocer para comprender.
Comprender para abrazar con compasión.
Abrazar con compasión para integrar.
Integrar para aceptar y, así, poder ser.
De eso trata este viaje.

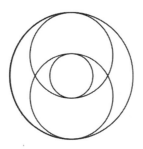

CONECTA CONTIGO EN EL PRESENTE

Aprende a cuidarte y abraza quien eres

1

LA COMPASIÓN COMO TU MEJOR
COMPAÑERA DE VIAJE

Hoy es 8 de julio y celebro una vuelta más al sol. Creo que no podía haber habido un día mejor que este para comenzar a escribir este capítulo. Llevo todo el día sola, solo conmigo misma. Bueno, en el fondo miento porque tengo a mi derecha a Rita, una hámster anciana que es la mascota de mi casa desde hace dos años. Toda mi familia se ha ido al pueblo y ha coincidido con que todos mis amigos también tenían planes ya para ese día.

Hay algo especial de los cumpleaños y es que siempre me traen nostalgia. Echo la mirada atrás y mi sensibilidad se dispara; echo la mirada hacia delante y la ansiedad aparece. A veces mi humanidad me abruma y me deja sin respuestas. A veces por estas fechas dejo de encontrarle un sentido al mundo y otras solo me apetece hacerme diminuta y construirme una crisálida en la cual meterme para poder dejar reposar un poco la mente y poder observar de un modo mucho más adulto mi propia voz interior llena de pensamientos del tipo: «Si en mi cumple no está nadie conmigo, es que, por lo tanto, no soy tan querida como yo pensaba. Si Fulanito no me felicita es que para él yo no soy importante en su vida…».

¡Con lo bien que creía que estaba yo y de repente llega este día tan importante para mí con sus imprevistos y todo se va al garete! Aun así, ¿recuerdas el punto anterior sobre las heridas y las formas de interpretar y de sentir ciertos acontecimientos? Pues sí, en mi caso particular, esta situación acaba de activarme alguna de esas heridas con las que aún sigo cargando y llevando conmigo dentro de mi propia mochila emocional. ¿Y qué puedo hacer sino dar espacio a todo eso y cultivar la compasión? Y es que no existe «sanación» o alivio de cualquier causa que nos genere sufrimiento si no cultivamos la compasión en nuestras vidas. La compasión es ese bálsamo de amor que nos ayuda a observar nuestras heridas para poder encontrar formas amables que nos inspiren a ser capaces de aliviarlas.

¿No te parece intrigante y curioso que la compasión pueda llevarnos al encuentro de un bienestar desde el reconocimiento y la aceptación de nuestras limitaciones humanas?

Me gusta ver el cultivo de la compasión como un proceso en donde aprendemos a dar espacio en nuestra vida a una mejor amiga o a una madre amorosa que vive en nuestro interior y que nos ayuda a aprender a llevarnos bien con nosotras mismas. Quizá esto te suene raro de primeras. Sin embargo, te invito a que cierres los ojos por un momento y a que pienses en los atributos que para ti definirían lo que sería una mejor amiga o una madre ideal. ¿Cuáles serían las primeras palabras que te vendrían a la mente?

Te propongo que te tomes un momento para pensar en todas aquellas palabras que representen el ideal del que hablamos. Intenta ser precisa y piensa tantos adjetivos como quieras. En la página siguiente te dejo un espacio para que apuntes todo aquello que vaya fluyendo por tu mente y puedas visualizar físicamente esta lista. Una vez que la tengas hecha, te invito a seguir leyendo.

Y ahora te pregunto, ¿algunas de tus palabras coinciden con las que están escritas en la siguiente lista?

♥ Paciente
♥ Amable
♥ Consciente
♥ Comprensiva
♥ Creativa
♥ Motivadora
♥ Curiosa

Estoy segura de que la lista que has escrito o pensado contiene palabras iguales o similares a la lista de la página anterior en mayor o en menor medida.

El proceso de comenzar a interiorizar en nosotras mismas esos atributos y cualidades se denomina «maternaje» o «automaternaje». Aunque en el siguiente capítulo profundizaremos sobre esto, podemos dar unas pinceladas que ayuden a introducir el concepto de automaternaje y su relación con el cultivo de la compasión.

❦

Vamos a intentar cuidarnos a nosotras mismas desde ese lugar amoroso y comprensivo, desde un lugar de aceptación y presencia que entiende que, pase lo que pase y aunque algunas cosas no nos salgan como nos gustaría que saliesen, vamos a intentar llevarnos bien con nosotras mismas por encima de todo.

❦

En consecuencia, ¿por qué es importante la presencia de la compasión en tu vida?

- La compasión actúa como una madre amorosa que trata por todos los medios de aliviar el sufrimiento para transformarlo en resiliencia, creatividad, aprendizaje o sabiduría. Por lo tanto, tiene que ver con la intención o el deseo de aportar presencia, curiosidad y amabilidad, entre otros atributos, en las partes de nosotras mismas que más rechazo sentimos. La compasión es esa herramienta que nos permite poder entrar en aquellas partes oscuras o dolorosas que a veces nos cuesta tanto aceptar y abrazar.

- La compasión nos permite darle espacio a nuestro verdadero yo. Nos ayuda a desnudarnos por dentro y a reconocer con humildad quiénes somos en realidad.
- La compasión implica la intención de ayudar a aliviar y a tolerar el sufrimiento reduciendo la crítica y el juicio. Aporta más amabilidad y cariño a nuestra mente, corazón y cuerpo.

❖

«No podemos detener las olas,
pero sí aprender a surfearlas».

KABAT-ZINN

❖

La vida es bella, pero también es dolorosa. Cuanto antes lo aceptemos, menor sufrimiento nos crearemos a nosotras mismas. Todas nos enfermaremos o tendremos a alguien al lado que esté enfermo, todas tendremos que aprender a despedirnos de vínculos y relaciones importantes, todas vamos a encontrarnos con obstáculos que nos pueden hacer cometer errores. Tarde o temprano, esto va a suponer que a todas nos toque encontrarnos de frente con la incomodidad y el malestar, que experimentemos pensamientos y sentimientos dolorosos que no vamos a poder evitar. Lo bueno es que, aunque no podamos huir del dolor, sí podemos aprender a relacionarnos con él desde la amabilidad y la consciencia. De esa forma, podremos aprender a gestionarlo para lograr construir una vida plena y llena de sentido, aunque los momentos de oscuridad sigan estando presentes.

¿Te imaginas cómo sería estar en mitad del océano luchando contra las olas con el único objetivo de querer detenerlas sabiendo que nunca van a poder desaparecer del todo? Pues lo mismo ocurre con el dolor y con el malestar que sentimos en nuestra vida. Si nos centramos en querer eliminarlo, al final vamos a acabar sufriendo aún más y moriremos ahogados por el cansancio que supone la lucha.

La compasión actúa como un barco
al cual podemos elegir subirnos y que
navega sobre las olas, pero no
a contracorriente.

¿Te apetece ser tu mejor amiga? El cultivo de la autocompasión

Muchas veces podemos lograr ser compasivas con los demás, sin embargo, cuando ponemos la mirada en nosotras mismas, nos suele costar muchísimo más. Por lo general, no tenemos problema en estar ahí con nosotras en los momentos bonitos de la vida, pero sí en los más feos y oscuros.

En la filosofía budista, por ejemplo, no se distingue entre compasión y autocompasión porque en el fondo el otro soy yo y yo soy el otro. Para los budistas, cuando conocemos bien nuestra propia oscuridad, nos es más fácil estar presentes en la oscuridad del otro y sentir paz en nuestros corazones. Por lo tanto, la compasión se hace real cuando reconocemos nuestra humanidad compartida. Es decir, cuando somos capaces de reconocer que nuestro sufrimiento es también el de otros y viceversa. Porque todos los seres humanos pasamos por situaciones difíciles en la vida.

✧

«Si tu compasión
no te incluye a ti misma,
está incompleta».

REFLEXIÓN BUDISTA

✧

A través de la compasión, podemos conectar con el malestar y escuchar qué mensaje quiere darnos. Esto implica mucha valentía y coraje, porque dar la bienvenida a la cara oscura de la vida no es tarea fácil.

El cultivo de la autocompasión requiere de creatividad para poder aliviar el dolor y transformarlo en resiliencia. Esto nos da la oportunidad de aprender a salir reforzadas de aquellos obstáculos que muchas veces la vida nos pone en el camino. Y la creatividad, al mismo tiempo, requiere de intención, motivación y acción porque ¿cómo podríamos aliviar nuestro sufrimiento si solo nos dedicásemos a aferrarnos a él sin permitirnos embarcarnos en la búsqueda de soluciones que nos ayuden a poder tolerarlo?

Recuerdo que hace un tiempo, cuando vivía en Bray, una ciudad costera del este de Irlanda, a veces me sentía abrumada por mi trabajo. Como ya he comentado, antes de comenzar a dedicarme al acompañamiento terapéutico, trabajé en una guardería en Irlanda. Había algunos momentos bonitos que podía rescatar de ese trabajo como la inspiración y el aprendizaje que podía sacar de la sabiduría infantil. Sin embargo, en términos de organización, el trabajo era un auténtico caos. Había muchos niños por aula y nuestras funciones no estaban solo orientadas al acompañamiento infantil, sino también a la limpieza de las aulas. Todo ello al mismo tiempo. Me resultaba bastante abrumador saber que no podía llegar a atender a todos los niños como ellos necesitaban de verdad. Al final había días en donde terminaba mi jornada laboral con bastante ansiedad y con un diálogo interior crítico en mi mente por pensar que no había podido dar lo mejor de mí misma y que siempre podía haberlo hecho mucho mejor.

Tal era el malestar que sentía que muchas veces este se agrandaba aún más cuando llegaba a casa del trabajo y me sentía sola entre las cuatro paredes de la habitación que tenía alquilada. Sin embargo, era inevitable que llegara un día en el que acabé haciéndome algunas preguntas: «¿Cómo puedo acompañarme a mí misma en medio de esta incomodidad aun sabiendo que en el fondo no puedo cambiar mi situación externa? ¿Qué puedo hacer yo por mí misma? ¿Cómo puedo ayudarme a aliviar mi propio sufrimiento?».

Me di cuenta de que, aunque no pudiera cambiar lo que estaba sucediendo, sí tenía la capacidad de disminuir el impacto que provocaba en mi vida. Tras un proceso de exploración, averigüé que después de una jornada intensa de trabajo, lo que más me ayudaba a tranquilizarme era ir a la playa y cenar allí antes de volver a casa. El mar y las olas contribuían a calmar la mente, así mi diálogo crítico solía transformarse en otro mucho menos destructivo y más amable. Ese pequeño acto de autocompasión en mi rutina diaria me ayudó a relajarme y a afrontar cada jornada laboral del día siguiente con una actitud diferente. Por supuesto que el malestar seguía estando presente en mi vida en muchas ocasiones, pero ya no controlaba tanto mi conducta. Incluso diría que a través de él pude transformarme en una persona más resiliente.

$\oplus$

Cuando decidimos observar nuestro malestar como un aliado para el crecimiento y no como un enemigo que impide el avance, mayor sabiduría, resiliencia y fortaleza cultivaremos en el camino.

$\oplus$

ABRAZA TUS SOMBRAS, DESCUBRE TU LUZ

Los tesoros de la autocompasión y pasos para comenzar a entrenarla

Cuando hablamos de autocompasión, también hablamos de un camino que nos sirve de puente para ir al encuentro de nuestro verdadero yo durante aquellos momentos en los cuales nos sintamos muy perdidas. Como recordarás, a lo largo de nuestra vida, nos vamos llenando de creencias, heridas y memorias. Estas influyen en nuestra conducta y nos impiden darle espacio a otros ingredientes importantes que también conforman nuestro mundo interior, de los cuales ya hablábamos al principio del libro y entre los que se incluyen nuestros propios deseos y necesidades reales.

Imagínate tener una casa llena de habitaciones sucias y desordenadas, con polvo y chismes que te impiden encontrar todas aquellas cosas que tienes guardadas y que poseen un valor importante para ti. Pues bien, con la autocompasión pasa lo mismo: cuando empezamos a practicarla, también comenzamos a fijarnos mucho más en aquello que nos hace bien y que es importante en nuestra vida.

❧

Cuando comenzamos a cultivar la autocompasión, nos es mucho más fácil darnos cuenta de todas aquellas cosas que ya no nos sirven.

❧

La autocompasión nos invita a
reconocer y sanar aquellas heridas
que nos impiden ir al encuentro de
nuestro mundo interior más profundo,
formado por aquellos sueños,
necesidades, deseos y anhelos
que nos motiven a crear
la vida que deseamos.

Así podremos actuar con coraje para liberarnos de lo que ya no nos sirve y poder por fin dar con lo que sí necesitamos y es importante para nosotras.

Pero de esto último ya hablaremos más tarde en concreto, en la tercera parte del camino. Por ahora, nos centraremos en los tres tesoros que conforman la autocompasión y en los diferentes pasos que podemos emprender para comenzar a convertirla en una práctica constante a lo largo de este viaje: la amabilidad hacia una misma, la humanidad compartida o sentimiento de pertenencia y el *mindfulness* o atención plena. Te lo detallo a continuación:

- **Amabilidad con una misma:** La autocompasión implica ser cálidas y comprensivas con nosotras mismas cuando sufrimos en lugar de ignorar nuestro dolor o castigarnos por ello con autocrítica. Por otra parte, tomando como referente a Tim Desmond, psicoterapeuta y autor del libro *La autocompasión en psicoterapia*, podemos encontrarnos con que todas las personas somos autocompasivas y, por lo tanto, amables con nosotras mismas cuando:
- ♥ Comprendemos que todas sufrimos.
- ♥ Comprendemos que todas queremos ser felices y lo estamos haciendo lo mejor posible en cada momento.
- ♥ Comprendemos que no estamos solas en este proceso porque todas pasamos por situaciones difíciles.

Finalmente, cuando nuestro grado de comprensión abraza estos tres niveles anteriores, aparece la intención incondicional de «desearnos lo mejor a nosotras mismas».

La autocompasión nos ayuda
a aliviar nuestro sufrimiento y a
buscar la felicidad en el proceso,
pero reconociendo y aceptando
nuestra naturaleza humana
e imperfecta.

- **Humanidad compartida o sentimiento de pertenencia.** La autocompasión significa darse cuenta de que todos los seres humanos pasamos por situaciones difíciles en la vida y que todas las personas al final del día somos vulnerables e imperfectas.
- *Mindfulness* **o atención plena.** El *mindfulness* es una práctica que implica mantener la conciencia en el presente con aceptación y compasión. Es decir, nos permite observar sin juzgar los pensamientos y sentimientos tal como son. Esto nos ayuda a responder en vez de reaccionar frente a aquellas situaciones que nos producen malestar.

¿Recuerdas el ejemplo que te puse de la casa desordenada? Decíamos que podría ocurrir que, sobre todo, al principio te fuera muy difícil ordenar cada estancia. Esto también puede deberse a la incomodidad que te pueda producir el hecho de entrar en contacto con todo ese desorden. Lo bueno es que, para ayudar a las personas a relacionarse de una forma mucho más amable con su vulnerabilidad y con las sensaciones incómodas de gestionar, la escritora, psicóloga y maestra de meditación y *mindfulness*, Tara Brach nos indica una fórmula dividida en cuatro pasos que llevada a la acción invita a entrenar la autocompasión todos los días.

Es el método RAIN y a continuación voy a hablarte sobre sus cuatro pasos:

- ♥ Reconocer lo que está pasando.
- ♥ Aceptar que lo que está ocurriendo es como es.
- ♥ Investigar con interés y cuidado.
- ♥ Nutrirse con autocompasión.

PASO 1: Reconocer lo que está pasando

Reconocer implica darse cuenta de los pensamientos, sentimientos, emociones, sensaciones o comportamientos que estamos teniendo en un momento concreto y que nos están afectando. A veces, cuando nos paramos a reconocer qué nos está pasando, podemos experimentar lo que yo llamo «un arcoíris emocional». ¡No pasa nada si sucede esto! Recuerda que todo eso es humano y a todo el mundo le pasa bastantes veces en la vida.

PASO 2: Aceptar que lo que está ocurriendo es como es

Aceptar implica permitir que tus sensaciones, emociones o pensamientos se expresen con libertad, aunque al principio lo sintamos como algo más desagradable. El objetivo de este paso es ser capaces de dar espacio al malestar en nuestra vida sin luchar contra ello. Podemos empezar realizando este paso con una palabra o un comentario agradable, dirigiendo un «¡Sí!» o un «¡Todo está bien!» a la experiencia vivida en este momento. También, para practicar el poder de la aceptación, podemos hacernos a nosotras mismas las siguientes preguntas:

- ¿Puedo permitirme sentir lo que siento? ¿Puedo permitirme observar lo que siento y pienso?
- ¿Puedo permitirme expresar lo que estoy viviendo por dentro? ¿Puedo dejar que se manifieste?
- ¿Qué sensación siento en mi cuerpo y en mi mente cuando le digo «sí» a cada emoción y pensamiento?
- ¿Siento algún tipo de alivio cuando le digo «Sí» o «Todo está bien» a lo que estoy experimentando?

PASO 3: Investigar con interés y cuidado

Una vez que hemos reconocido y aceptado lo que está sucediendo, podemos profundizar en nuestro malestar a través de la exploración de una forma amable y curiosa. Para ayudarnos a reconocer con facilidad lo que está ocurriendo, podemos hacernos a nosotras mismas las siguientes preguntas:

- ¿Qué sensaciones físicas estoy sintiendo en este momento? ¿En qué parte del cuerpo las noto? ¿Me resultan familiares estas sensaciones?
- ¿Dónde necesito poner mi atención en estos momentos?
- ¿Qué es lo más doloroso que pienso sobre mí?
- ¿Qué necesita de mi parte esta incomodidad que estoy sintiendo?

PASO 4: Nutrirse con autocompasión

La autocompasión alcanza su pico más alto cuando, desde el poder de nuestra intención, nutrimos a nuestro ser con una energía amorosa llena de ternura y cariño. Pregúntate esto:

- ¿Cómo puedo nutrir este sufrimiento de una forma que me permita transformarlo en algo mucho más liviano?

Si así lo sientes, puedes incluso ponerte la mano en tu corazón y tratar de reconocer qué es lo que más necesita esa parte indefensa de ti que se siente herida y luego ofrécele algo de autocuidado. Puedes preguntarte: «¿Necesita un mensaje de consuelo? ¿Un abrazo? ¿La compañía de algún amigo o amiga? ¿O quizá un paseo por la naturaleza?». Incluso si es difícil para ti darte ese amor, te invito a que lleves a tu mente la presencia de un ser por quien tú sientas amor (un familiar, un amigo, una planta o un animal, por ejemplo) e imagina que el amor de ese ser entra en ti. Cuando existe la intención de traer la autocompasión a tu vida, cualquier gesto de amor podrá alimentar tu cuerpo, tu mente y tu corazón amablemente por muy diminuto que sea.

Algunos mitos sobre la autocompasión

Cuando he entrado en contacto con personas con las que he intentado compartir la sabiduría de la compasión, ya sea con pacientes o con otras personas cercanas a mí, me he encontrado con varias resistencias e ideas equívocas bastante alejadas de la realidad de la práctica compasiva. Por eso, a continuación, te dejo algunos de los mitos con los que más me he ido encontrando en mi camino:

MITO 1: «Ser compasivas es lo mismo que victimizarse y sentir pena».

Practicar la autocompasión en nuestras vidas no quiere decir que nos veamos como la víctima a la que hay que compadecer; nunca nos puede llevar a sentir pena por los demás o por nosotras mismas ni tampoco a posicionarnos en un rol de víctima y pasotismo sobre las experiencias difíciles que nos sucedan en la vida.

- La compasión nos desapega de nuestro sufrimiento, mientras que la victimización se apega al sufrimiento.
- La compasión nos invita a la motivación y a la acción para aliviar el sufrimiento y a encontrar formas y soluciones creativas que nos permitan sentirnos un poquito mejor. Sin embargo, la posición de víctima invita a no encontrar soluciones a los problemas y a creer que no podemos hacer nada para salir del hoyo. Por lo tanto, cuando tenemos la intención de ayudarnos a nosotras mismas, es muy importante actuar sin excusas y ser conscientes que todas las personas tenemos un mínimo de responsabilidad sobre nuestro propio bienestar.
- La compasión, según la escritora y monja budista Pema Chödrön, no es una relación entre sanador y herido, sino entre iguales. Sin embargo, el sentimiento de pena sí que nos lleva a ubicarnos en una posición de superioridad frente a quien en el presente está sufriendo. Cuando nos creemos superiores al resto, no estamos reconociendo su dolor como el nuestro y no estamos dándole espacio a esa humanidad compartida en donde somos capaces de reconocer que todos los seres humanos experimentamos el sufrimiento.

MITO 2: «Ser compasivos te hace ser débil».

Todavía existen personas que asocian la amabilidad y la ternura con la debilidad, así como con la posibilidad de que otros puedan aprovecharse de ellos y, sin embargo, nada más lejos de la realidad. Ser compasivo no es sinónimo de debilidad, sino de fortaleza. Nos ayuda a tener que identificar esas heridas dolorosas para poder sanarlas y ver cuál es la mejor forma de poder acompañarnos en ese proceso de sanación. Para eso toca ser extremadamente valiente, porque lo más fácil sería ponerle una tirita a la herida para así evitar tener que volver a poner la mirada en ella. La autocompasión, por lo tanto, implica coraje para poder abrazar la vulnerabilidad.

MITO 3: «Ser compasivos hace que te olvides de poner límites».

Hay personas que creen que la amabilidad dentro de la compasión tiene que ver con permitirlo todo. Las personas que practican la compasión en sus vidas son amables con los demás, pero también lo son con ellas mismas. Así pues, no tienen la intención de responsabilizarse del sufrimiento del otro ni de dejarse de lado a ellas mismas y a sus necesidades personales para volcarse solo en el sufrimiento ajeno. Al contrario, la compasión requiere de un deseo interno que nos lleve a actuar para aliviar el malestar de la otra persona sin perdernos a nosotras mismas por el camino. Tener la intención de desear que el dolor de la otra persona disminuya, implica también cuidar nuestros intereses.

La compasión, por lo tanto, invita a cada una a desarrollar la capacidad de llevar la mirada hacia dentro para hacernos las siguientes preguntas:

- ¿Aquí y ahora puedo ayudar a esta persona, animal, causa… sin dejarme a mí misma de lado?

- Si presto mi ayuda a alguien, ¿estoy sintiendo que me vacío o que me quedo sin energía? ¿O siento que me lleno?
- ¿De qué forma podría ayudar a aliviar el malestar de esta persona sin cargarme con su sufrimiento?

La compasión como camino para explorar tu relación con el perfeccionismo, el éxito y el fracaso

Vivimos en una sociedad que nos empuja todo el rato a aparentar vidas perfectas, a no cometer errores ni a poder tolerarlos en una misma ni en los demás. En definitiva, estamos en una sociedad que no nos permite ser imperfectas y muchas veces nos castiga por ello. Esto hace que al final también acabemos torturándonos a nosotras mismas por toda esa fragilidad de la que todos los seres humanos estamos hechos.

✧

El perfeccionismo es un mecanismo de defensa que adoptamos, creyendo que nos va a salvar, cuando en realidad es lo que nos impide darle espacio a nuestra autenticidad y espontaneidad para explorar nuestros márgenes de libertad.

✧

De hecho, si deseamos abrirnos a nuestra autenticidad y vivir una vida plena, libre y en coherencia con quienes somos, debemos darle espacio a todas aquellas emociones que consideramos que son más desagradables de vivir.

Muchas veces, nos mostramos exigentes y buscamos la perfección en cosas que, en realidad, necesitan autocompasión para llegar a comprender que nuestro valor como personas no se encuentra en nuestros logros y en lo que piensen otros, sino en aquello que nosotras sabemos que somos. Cuando ponemos toda nuestra energía en ocultar cómo somos de verdad para que otros nos aprueben y nos acepten y no lo conseguimos, la vergüenza y otras posibles emociones como el juicio y la culpa aparecen. Esto nos hace creer que no somos dignos de amor y de respeto, que no somos suficientes.

A continuación, te voy a dejar algunos pasos mediante los cuales podrás relacionarte de una manera mucho más amable y compasiva con esa parte perfeccionista y poco funcional.

- Aprende a observar la forma en la cual te hablas a ti misma cuando las cosas no salen como a ti te gustaría que saliesen. Es decir, aprende a ser consciente de tu propia vocecita interior crítica.
- Pregúntate a ti misma: «¿De dónde me viene esta creencia de que para sentir que soy suficiente necesito que me vean como a un ser perfecto? ¿Quizá de mi familia, del colegio o de cualquier otro entorno en donde solo me he sentido querida cuando no me equivocaba y lograba algo?».
- Intenta averiguar cuáles son tus valores personales y aprende a marcarte objetivos y metas realistas a corto

y largo plazo que estén alineados con esos mismos valores personales.

- Trabaja en tu autoestima para estar orgullosa de quién eres en realidad.
- Exponte poco a poco a hablar más de esas partes de ti «imperfectas» con aquellas personas con las cuales te sientas más segura y protegida y observa cómo esas personas las acogen.
- Recuerda que siempre lo estás haciendo lo mejor que puedes y con la información que tienes en cada momento.
- Ten presente que la búsqueda de la perfección no solo nos aleja de ella, sino que no nos permite vivir una vida auténtica.
- Recuerda que aquello que asociamos como «error» forma parte de nuestra naturaleza humana y que, por lo tanto, es algo inevitable.
- Frente a tu imperfección, aprende a hacer del humor uno de tus mejores aliados.

❦

En el proceso de renunciar a ser perfectos podemos encontrar más libertad, autenticidad y conexión con uno mismo y con los demás.

❦

En el resto de capítulos, iremos abarcando con mayor profundidad muchos de estos puntos. Pero, por supuesto, si tienes dificultades para comenzar a poner en práctica estos pasos tú

Humanidad, ¡qué bonita palabra!
Sinónimo de que somos seres
vulnerables e imperfectos.
¡Y qué bello
que así sea!

sola, te invito a que pidas ayuda profesional y terapéutica. Un buen terapeuta podrá acompañarte y guiarte en este proceso con mucho respeto y cariño.

Además, ¿te imaginas lo aburridas que estaríamos en el mundo si todas actuáramos siempre de la manera que se supone que sería «perfecta»? ¡Menos mal que podemos seguir abrazando nuestra imperfección y maravillosa humanidad con todas sus luces y sombras!

Cometemos errores, tropezamos, metemos la pata, somos incoherentes con nuestros sentimientos, pensamientos y decisiones, fracasamos una y muchísimas veces más. El fracaso, o todo aquello que consideramos como tal, forma parte de nuestra existencia. Así que es vital que pongamos en marcha a nuestra compañera de viaje, la compasión, para que el impacto del fracaso en la vida no nos duela tanto y podamos aprender a vivirlo de la forma más sabia y consciente que cada uno pueda permitirse.

En realidad, a lo que se llama fracaso y éxito es parte del sistema de creencias que nos empezaron a construir desde la infancia para controlar, para culpar y para hacernos sentir insuficientes. Sin embargo, tú has venido a crecer, a aprender, a desarrollar tu resiliencia y a ser más sabia, así que aprende a ser compasiva contigo.

❖

No hay fracaso que exista, solo aprendizaje, y el éxito
es lo que tú quieres que sea desde la atención a
tus propios valores y objetivos personales.

❖

Toda caída en el camino es un paso más que nos acerca a la meta de lo que llamamos «éxito». Fracasar es aprender y aprender es lo que debe permanecer y ser eterno, junto con dejar de etiquetar las cosas como buenas o malas para poder verlas como crecimiento, aprendizaje, resiliencia y sabiduría.

Por último, para terminar con este capítulo, te planteo algunas preguntas. Ponte las manos en el corazón y respóndete con sinceridad:

- Cuando te equivocas, ¿qué sueles decirte a ti misma?
- Cuando te equivocas, ¿eres capaz de reconocer qué sensaciones o emociones aparecen? ¿En qué parte de tu cuerpo las sientes?
- Cuando te equivocas, ¿sueles compartir con otra persona cómo te sientes? ¿Y sueles hablar también de tus errores? Si es así, ¿cómo te sientes después de compartir con esa persona tus imperfecciones?
- Cuando te equivoques a partir de ahora, ¿cómo vas a apoyarte para aliviar tu malestar? ¿Qué vas a decirte a ti misma y qué vas a hacer para poder acompañarlo?
- ¿Qué es en realidad el fracaso para ti? ¿Qué sería para ti fracasar en tu vida? ¿En qué áreas de tu vida tiene el fracaso una mayor importancia? ¿Y en qué áreas su importancia es menor para ti?

Aprendo a relacionarme con mi idea personal de éxito

- ¿Qué es en realidad el éxito para ti? ¿Qué sería para ti tener éxito en tu vida? ¿En qué áreas de tu vida tiene el éxito una mayor importancia? ¿Y en qué áreas su importancia es menor?
- ¿En qué áreas de tu vida te consideras exitoso en estos momentos?

- Cuando logras algo que para ti es valioso y se encuentra dentro de tu propio ideal de éxito, ¿qué sueles decirte a ti misma?

Tal y como estás viendo, la práctica de la autocompasión nos va a resultar útil a la hora de relacionarnos con todo lo que a continuación nos venga por delante.

✧

«Lo realmente duro, y realmente asombroso, es renunciar a ser perfecto para empezar el trabajo de convertirse en uno mismo».

ANNA QUINDLEN

✧

2

AUTOCUIDADO PARA LA SANACIÓN DE HERIDAS DEL PASADO

La importancia del autocuidado en tu vida para la cicatrización de las heridas

Cuando hablamos de autocuidado, hablamos de las diferentes maneras en las cuales somos capaces de poder cuidar de nosotras. Cuidarte a ti misma significa aprender a preguntar en cada momento qué es aquello que necesitas e intentar encontrar una forma amable de poder ofrecértelo.

¿Te suena de algo esto? Como ves, resulta inevitable no relacionar la autocompasión con el autocuidado, ya que en el fondo la autocompasión no deja de ser una de las formas en las que se puede dar el autocuidado. Ambos conceptos comienzan con la consciencia de que nosotros somos en parte los responsables de nuestros procesos, por ello pone en marcha la búsqueda de nuevos caminos que nos ayuden a cultivar el bienestar en el presente con una proyección también hacia el futuro. Además, el autocuidado también tiene en cuenta que cada ser humano es un mundo y, por lo tanto, cada uno puede tener necesidades únicas y diferentes al resto de personas en cada momento.

El autocuidado es la práctica
constante de intentar dar una
respuesta amable a la pregunta:
¿cómo puedo tratarme a mí misma
con amabilidad en este momento?

El autocuidado implica aprender a nutrir todos los niveles de nuestro ser. Esto solo puede darse a través de una visión holística que nos invite a cuidar nuestras necesidades físicas, mentales, emocionales , sociales y espirituales. Estas necesidades hay que cubrirlas para lograr ir al reencuentro de nuestro verdadero ser y de aquello que de verdad lo nutra.

A continuación, te propongo algunas ideas de autocuidado:

Autocuidado físico

♥ Toma agua para poder mantenerte hidratada a diario.
♥ Prioriza el sueño y el descanso por encima del «tener que hacer».
♥ Realiza movimiento o ejercicio físico consciente y adaptado a tu nivel energético. Por ejemplo, baila y exprésate libremente con los ojos cerrados si te apetece y dejando de lado los juicios acerca de cómo lo haces.
♥ Prepárate una comida rica con amabilidad y mucho amor disfrutando del proceso.
♥ Vístete con ropa que te haga sentir bella por dentro y por fuera.
♥ Reserva momentos para ir a hacerte la manicura o la pedicura, ir a la peluquería o arreglarte el pelo en tu casa, ponerte una mascarilla o darte un baño con sales minerales junto a tu música preferida.
♥ Practica el automasaje corporal mientras le hablas a tu cuerpo de manera amable.
♥ Establece contacto con la naturaleza, da paseos conscientes por campos, bosques o junto al mar o realiza

prácticas físicas como el *grounding* o enraizamiento que consiste en colocar las manos, pies o cualquier otra parte del cuerpo en contacto con elementos naturales del suelo.

Autocuidado mental

♥ Ábrete a practicar la meditación. Puedes comenzar a hacerlo con meditaciones cortas y guiadas en YouTube o simplemente llevando todos tus sentidos al momento presente. Puedes practicar a la hora de ir a caminar, a la hora de hacer tu comida, cuando limpias los platos después de comer o con otras rutinas que hagas a diario. Las prácticas de meditación ayudan a disminuir el estrés, la ansiedad y mejoran la concentración.

♥ Ponte inciensos, aceites esenciales o velas aromáticas cerca de donde estés. Cada vez se está demostrando más que la aromaterapia proporciona armonía a nuestra mente, ayudándonos a mejorar nuestro nivel de relajación.

♥ Escoge un libro que te pueda gustar mucho y comienza a leértelo con consciencia.

♥ Practica actividades artísticas que puedan ayudarte a potenciar tu creatividad, como el dibujo, la danza, la pintura, la cerámica, la costura… En lo personal, a mí me encanta utilizar el arte como vía terapéutica para aliviar el malestar psicológico y como forma de expresión para poder comunicarnos con nuestra parte inconsciente de una manera mucho más amable y creativa.

♥ Háblate bonito. Trabaja con esa vocecilla interior incómoda que vive dentro de tu mente y, poco a poco, comienza a transformarla en una más amable.

♥ Acude a un terapeuta o un profesional de la salud mental y emocional cuando sientas que no puedes con todo tú sola. Pedir ayuda cuando la vida se pone fea es de humanos.

Autocuidado emocional

♥ Trabaja en el cuidado de tus emociones. Aprende a hacer las paces con cualquier emoción que sientas, a validarla, a expresarla y a darle espacio en tu vida, siendo consciente de que, en realidad, no existen las emociones «buenas» ni «malas».

♥ Si te ayuda, crea un diario emocional.

♥ Aprende a poner límites y a decir «no» cuando algo te incomode para evitar que otros intenten aprovecharse de ti.

Autocuidado social

♥ Rodéate de personas con las que te puedas sentir libre de ser tú con tus luces y con tus sombras. Rodéate de personas con las cuales puedas desnudarte a nivel emocional y dar rienda suelta a tu vulnerabilidad, júntate con personas que aporten salud mental y emocional a tu vida y no la destruyan.

♥ Apúntate a un retiro o a alguna actividad donde puedas conectar con tu paz interior y conocer a nuevas personas con intereses similares a los tuyos.

Autocuidado espiritual

♥ Conecta con tus valores y con aquello que de verdad merece la pena cultivar para ti. Los valores son aquellos principios que hacen que nuestra vida pueda llegar a vivirse con plenitud y sentido.

♥ Profundiza en el acercamiento a la idea de la interdependencia o interser (unión con todos los seres del mundo).

♥ Si practicas algún camino de fe, alguna práctica espiritual o religiosa, dedica algunos momentos a la semana a practicar cualquier ritual u oración que te ayuden a encontrar consuelo y alivio.

♥ Cultiva la gratitud para conectar con la abundancia.

♥ Apúntate a algún voluntariado o a alguna actividad donde puedas sentir que tu dar en este mundo es valioso.

La naturaleza como fuente de autocuidado

Aquí quizá te estés preguntando por qué he decidido crear un apartado única y exclusivamente para el autocuidado otorgado a través de la naturaleza. Desde siempre he creído que la naturaleza funciona como una fuente de apoyo, inspiración y sabiduría.

Durante mi vida, me he ido dando cuenta del gran potencial de curación que la naturaleza puede transmitir a nuestros procesos personales.

❖

Si decidimos comenzar a relacionarnos con ella desde la humildad y la apertura de corazón, puede ser una bonita oportunidad para comenzar a vernos a nosotras mismas tal y como somos y abrazarnos con todo lo que traemos dentro.

❖

Cuando era pequeña, recuerdo que en el fondo la naturaleza fue de gran ayuda para darle rienda suelta a mi parte creativa. Me encantaba jugar a que era un hada que le hablaba a los animales, que cuidaba de ellos y que tenía su casa en algún lugar lleno de plantas, árboles y flores preciosas. Ese fue uno de los recursos que tenía en mi mano como niña para poder huir del mundo real cuando este me dolía tanto.

Sin embargo, al crecer, fui poniéndome varias corazas que me hicieron acabar por olvidar esta conexión durante varios años. Por eso, no siempre tuve la intención de vincularme con todos los conocimientos que pueden aportarnos el entorno natural a nuestras vidas e incluso hoy en día todavía sigo en proceso. La verdad es que durante el resto de mi vida ni la tuve presente ni le di mayor importancia. Tan solo la veía como algo más que tenía que estar en el mundo haciendo su parte mientras yo procedía a hacer la mía. No veía al ser humano en la naturaleza ni a la naturaleza dentro del ser humano y me costaba entender que yo, las demás personas y todos los seres pudiéramos formar parte de la misma conciencia colectiva.

Pero un día todo cambió. Una crisis de pánico surgió en mi vida y me llevó de vuelta a la naturaleza. Desde ese momento, en mitad de mi propio invierno, un pequeño brote de esperanza acabó por salir a la luz desde el centro de mi pecho. Este brote a veces volvía a enterrarse y otras veces comenzaba a secarse, pero siempre acababa floreciendo de nuevo frente a cualquier tipo de adversidad.

Aclaro que cuando hablo de inspiración, me refiero a las diferentes formas y acciones mediante las cuales la sabiduría de nuestro verdadero yo se manifiesta y emerge a la superficie. Cuando vivimos en nuestra vida momentos de inspiración, es cuando resulta que nos estamos permitiendo conectar con esa parte sabia que nos hace de guía en el camino de nuestra existencia. Esa es la parte que hace que una semilla se convierta en fruto o un gusano, en mariposa. Esa es la parte que lleva al pajarito a sentir que ya es hora de aprender a mover las alas para echar a volar y dejar el nido.

Como una gran maestra, la naturaleza un día me inspiró para volver a conectar con la sabiduría. Por ejemplo, la naturaleza para mí se convierte en el escenario perfecto de inspiración para comenzar a profundizar en la experiencia de la vulnerabilidad.

La naturaleza no tiene la intención de ser perfecta ni de demostrar que lo es, aunque en realidad sí que lo sea y quizá los seres humanos también en el fondo lo seamos.

Tenemos que empezar a entender
la naturaleza como una fuente de
inspiración, de vulnerabilidad
y de sabiduría.

Imagínate por un momento a un árbol pequeño cuyo tronco, brotes y frutos están comenzando a desarrollarse. Ahora imagina que ese árbol tiene una herida. Quizá alguien ha intentado talarlo o tal vez el viento casi termina por derribarlo. Aun así, todavía sigue tratando de seguir sosteniéndose y abriéndose al mundo mientras que su resina hace su parte en el proceso de cicatrización de esas heridas. Mientras sana, el árbol sigue compartiendo su esencia y sus frutos para que la vida siga progresando, aun sabiendo que siempre en medio de su intención de dar y en su proceso de sanarse, estará expuesto a ser dañado de nuevo.

✧

La naturaleza nos da lecciones de autocuidado
y de vida auténtica.

✧

Abraza a la niña que vive en ti y sé para ella la adulta que siempre necesitaste

En el primer capítulo aprendimos a crear nuestra identidad y la idea de quiénes somos en realidad en función de la forma que tenían los adultos de vincularse con nosotras durante la infancia. La forma en la cual nos tratamos a nosotras mismas siempre suele hablar mucho de la forma en la cual fuimos tratadas en el pasado. Por eso las personas que cargan con muchas heridas emocionales en su mochila suelen tener un autocuidado bastante escaso. Esto repercute de manera directa en la capacidad que tenemos cada una a la hora de poder hacernos cargo de nuestras heridas.

El proceso de reparación de las heridas que bloquean la salida a la luz de nuestro verdadero yo, pasa por hacerle espacio al concepto de «niña interior» y aprender a familiarizarnos con ello.

♥ Tu niña interior en su estado más auténtico y puro es ese ser tan maravilloso que prefería cantar, bailar y moverse con libertad antes que permanecer callada durante unas cuantas horas en el pupitre del cole.

♥ Tu niña interior es ese ser espontáneo, creativo, juguetón y curioso que ama ir libre por el mundo maravillándose de cualquier pequeño detalle.

♥ Tu niña interior es ese ser lleno de inocencia que deseaba recibir abrazos, palabras de cariño y de consuelo, que deseaba pasar tiempo junto a mamá o papá tomando la merienda, creando escenarios de ensueños por medio de libros con sus historias o haciendo construcciones y bellos dibujos juntos.

Pero también:

♥ Tu niña interior es ese ser tan maravilloso que aprendió a dejar atrás sus necesidades para complacer y hacer feliz a mamá, papá, al maestro o a la maestra del cole o a cualquier adulto de referencia.

♥ Tu niña interior es ese ser tan maravilloso que aprendió que para gustar tenía que hacerlo todo perfecto y cumplir con las expectativas de los adultos.

♥ Tu niña interior es ese ser maravilloso a quien compararon constantemente con otros niños y por eso hoy es una adulta que intenta destacar por encima de todo el mundo exigiéndose demasiado a sí misma.

♥ Tu niña interior es ese ser maravilloso que dormía sola aun teniéndole miedo a la oscuridad con la excusa de que los niños mayores son los que ya duermen solos sin tenerle miedo a nada.

♥ Tu niña interior es ese ser maravilloso al que invalidaron cuando expresaba sus emociones y por eso hoy es una adulta que las oculta para no ser abandonada. Puede ser una adulta que oculte su tristeza para no ser dejada de lado o quizá una mujer que no se permita sentir su enfado ni ser capaz de poner límites en consecuencia por miedo a las discusiones.

♥ Tu niña interior es ese ser maravilloso a quien le tocó cuidar o ser responsable antes de tiempo de mamá, papá o de cualquier otro ser humano. Por eso hoy es la adulta que está pendiente de las necesidades o emociones de los demás por encima de las suyas y que justifica cualquier situación injusta en su vida, incluidas aquellas que le hacen daño.

♥ Tu niña interior es ese ser maravilloso a la que nunca escuchaban cuando hablaba o cuando tenía una opinión, por eso hoy es una adulta que necesita pedir permiso para tomar decisiones.

♥ Tu niña interior es ese ser maravilloso que sufrió *bullying*, a quien insultaban, a quien agredían, a quien dejaban sola y por eso hoy es una adulta que puede llegar a desconfiar fácilmente de las personas.

Tu proceso de sanación va a pasar sobre todo por aceptar que en tu pasado no te pudieron dar lo que necesitabas, ni te pudieron amar como necesitabas. Sí, eso duele y mucho. Darse cuenta de la verdad es doloroso, pero ignorar nuestro pasado lo es aún más. Por eso, para poder llegar a aprender a convivir con nuestro pasado en el presente, antes que nada va a ser importante hacer el duelo por todo aquello que naturalmente necesitábamos recibir y no recibimos por parte de los adultos que tenían la responsabilidad de cuidarnos. Hacer el duelo implica poder llegar a aceptar que es muy probable que no se nos tuviera en cuenta ni se nos amara de la forma que necesitábamos.

Si no pudiste recibir el tipo de cuidado que necesitabas cuando eras pequeña, va a ser importante que ahora, desde la adulta que eres, puedas aprender a cuidar a tu niña interior y darle en el presente aquello que tanto le faltó en el pasado. Es decir, necesitamos aprender a maternarnos a nosotras mismas para poder sanar y transformar nuestra vida. Ahora bien, ¿en qué consiste este proceso?

❧

Maternarnos o paternarnos no es otra cosa que volver a las raíces del pasado para poder reconciliarnos con la persona que somos en esencia.

❧

A continuación, expongo algunos ejemplos de cómo podemos cuidar y acompañar desde una mirada adulta y compasiva a nuestra niña interior herida en su dolor:

- Valida y dale voz a cada una de tus emociones y necesidades.
- Aprende a satisfacer aquellas necesidades afectivas y emocionales que no hayan podido ser cubiertas en tu pasado para que dejen de dominar tu vida.
- Permítete abrazarla. Ten una conversación con ella o dile algunas palabras bonitas y llenas de mensajes de amor como: «Te amo», «Todo está bien», «No estás sola», «Te comprendo, esto te recuerda a aquella vez en que te hicieron daño».
- Honra y celebra tus logros. Reconócelos y no los pases por alto. Puede ser que muchas veces en el pasado no reconocieran los logros que hizo tu niña y por eso es importante que hoy puedas darte a ti misma el permiso de valorarlos como te hubiera gustado que los hubieran valorado en el pasado.
- Haz todas esas cosas que a tu niña le gustaba hacer o le hubiera gustado hacer: pintar, bailar, cantar, correr, saltar en los charcos, trepar a los árboles, ver dibujos animados, reírse a carcajadas, explorar, jugar, comer lo que necesites, ver películas o vestirse y peinarse como más le guste. En definitiva, permítete hacer más de todo aquello que pueda ayudarte a ser más libre, a ser más tú. Sé consciente de cada uno de tus condicionamientos, normas o corazas que puedan estar interponiéndose entre la libertad anhelada y tú.

- Practica la compasión con el pasado doloroso de esa niña, comprende que siempre hizo lo que pudo con lo que tenía y que eso fue suficiente. A la vez, no dejes de descuidar tu presente para elegir formas de autocuidado que te ayuden a aliviar el sufrimiento acumulado del pasado.
- Elige rodearte de personas con las cuales tu niña pueda sentirse segura de poder expresarse.
- Aprende a aceptarte a ti misma con todos aquellos aspectos que no te gustan de ti y pon luz a esas partes un poco más oscuras. Tu niña interior necesita que la ames y la aceptes con todo lo que ella es, nunca es tarde para hacerlo.

También el trabajo con la niña interior puede acompañarse de algunas actividades terapéuticas como:

- La realización de meditaciones y visualizaciones que nos ayuden a entrar en contacto con estas partes más vulnerables de nosotras mismas que necesitan ser cuidadas con amor para poder cicatrizarse. (Al final de este capítulo te indico una).
- La escritura terapéutica, la cual permite darle espacio y voz al mundo interior de nuestra niña desde la adulta que somos hoy.
- El trabajo a través de alguna foto de cuando eras pequeña que te permita con facilidad llegar a mantener un diálogo con tu niña. Por ejemplo, si ahora mismo pudieras tener a esa niña que tú fuiste delante de ti, ¿qué le dirías? ¿Qué necesidades crees que necesitarían

ser cubiertas? ¿Cómo podrías hacerlo desde la adulta que hoy eres?

- Realiza cualquier otra actividad que involucre el automaternaje en nuestro día a día. Un ejemplo que comparto es la dinámica de «cuidar a un bebé». Se trata de una práctica que podemos llevar a cabo en nuestra rutina diaria para poder comenzar a cuidarnos y a tratarnos con cariño, incluso en aquellos momentos en donde la vida se pone fea y comenzamos a criticarnos por todo.

Práctica: Cuidar a un bebé

1. Piensa en una situación en donde tu vida pueda ponerse fea. Puede ser una situación difícil por la que ya pasaste o una situación imaginaria en donde puedas caer fácilmente en juicios hacia ti misma por haberte «equivocado» o no haber tenido el «éxito» que tú buscabas.
2. Pregúntate: ¿Cómo te tratarías? ¿Qué cosas crees que te dirías? ¿Crees que harías algo para poder sentirte un poco mejor?
3. Ahora imagínate a una niña pequeña a quien quieres mucho encontrándose en la misma situación complicada. Puedes ser tú cuando eras pequeña o no. ¿Cómo la tratarías? ¿Qué le dirías? ¿De qué formas te gustaría poder acompañarla para que se sintiera un poco mejor? ¿Crees que tratarías a esa niña como a veces te tratas a ti misma?
4. Por último, reflexiona acerca de los motivos por los cuales crees que podrías tener dificultades para hablarte o

tratarte a ti misma de la misma forma en la cual lo harías con un bebé o con una niña. ¿Qué te lo impide? ¿Qué te hace pensar que no puedes tratarte a ti misma con amabilidad, cariño, asertividad y paciencia?

Práctica: Visualización de autocuidado y compasión a tu niña interior

A continuación, te invito a sentarte contigo misma durante un rato para realizar la siguiente meditación, que te permitirá entrar en contacto más directo con tu niña interior para comenzar a cuidarla y a reparar sus heridas. Si lo sientes, te invito incluso a que grabes la visualización con tu propia voz o que sea otra persona de confianza quien esté contigo narrándotela para que puedas permitirte conectar de manera mucho más profunda con ella.

Para empezar, ponte en un lugar cómodo, cierra los ojos y comienza conectando con tu respiración.

Después, imagina que tu yo infantil sale de tu corazón. Tu niña está ahí. Delante de ti. Mírala con amor. Puedes elegir acercarte a ella y comunicarle que siempre cuidarás de ella y que nunca la dejarás sola.

Puedes sentarte a su lado si así lo sientes y comenzar a decirle palabras de amor. Puedes decirle:

- «Te amo».
- «Nunca voy a volver a dejarte sola».
- «Siempre estaré contigo».
- «Estoy orgullosa de quién eres y te acepto tal y como eres», «Nada de lo que te ha ocurrido ha sido por tu culpa».

- «Ahora puedes confiar en mí, te prometo que siempre estaré contigo adondequiera que vayas».
- «Todas tus emociones son válidas, todos tus sueños son válidos y vamos a intentar ir a su encuentro, pero esta vez con nuestros corazones unidos».

Ahora, si lo necesitas, puedes fundirte con ella en un cálido abrazo. Tómate todo el tiempo que necesites para estar con ella. No hay prisa.

Cuando así lo sientas, despídete de ella con mucho cariño y devuélvela al interior de tu corazón. Donde siempre podrás volver a encontrarla.

Ahora, ponte la mano en el corazón y quédate con todo ese amor que has experimentado.

Respira hondo y abre los ojos poco a poco.

Agradécete este momento de conexión contigo y de autocuidado.

Tener un pasado complicado no significa tener un presente sin futuro

Recuerdo que cuando era pequeña no me gustaba nada que los profesores de mi colegio me sacasen a la pizarra a hacer cuentas de matemáticas, a leer o a exponer en público cualquier tema. De la misma forma que tampoco me gustaba nada que en las clases de Educación Física el profesor fuera evaluándonos uno por uno enfrente de todos los demás compañeros cuando hacíamos algunos ejercicios como la rueda lateral o la voltereta. La razón por la cual no me gustaba era porque había muchas veces en donde me sentía ridiculizada cuando cometía «errores». Me sentía bastante avergonzada cuando al salir a la pizarra en algunas asignaturas me quedaba en blanco y al profesor y a mis compañeros les daba por reírse; o cuando en la asignatura de gimnasia no había manera de que me salieran los ejercicios y en muchas ocasiones acababa ganándome el mote de «patosa».

Cuando eres adulta y tienes la capacidad de poder defenderte porque has podido cultivar una autoestima sana, todos estos sucesos dejan de tener tanta importancia en tu vida. Pero recordemos que, cuando eres una niña o una adolescente y tu autoestima depende únicamente de la visión que tienen sobre ti los demás adultos y compañeros, se hace duro tener que lidiar con estas situaciones. Y especialmente si se viven de manera solitaria.

Todo ello terminó generándome un miedo atroz a hablar y a exponerme en público. Esto acabó por negarme a mí misma la posibilidad de compartir mi voz en mi día a día, pues pensaba que no valía ni sabía lo suficiente como para poder darme el permiso de hacerlo. De hecho, después de mi etapa escolar, seguía sintiendo muchísima vergüenza cada vez que algo parecido ocurría en mi vida y me sentía amenazada por ello constantemente. Incluso más adelante, durante mi etapa universitaria, acabé por tener ataques de pánico en medio de alguna que otra exposición oral en público. Quizá a ti también te haya pasado algo parecido.

Acabé buscando remedio para que mi ansiedad a la hora de hablar en público pudiera calmarse. Primero comencé por mi cuenta en la práctica de la meditación, una disciplina que me ayudó a comenzar a escuchar mi mundo interior, y luego, más adelante, conocí la escritura terapéutica. En mi caso, esta última me ayudó mucho a canalizar aquellas emociones más difíciles de acompañar.

Escribía textos a escondidas y luego comencé a compartirlos de manera anónima a través de las redes sociales. Fue ahí cuando volví a conectar de nuevo con ese deseo de expresión que había permanecido oculto en mí durante tantos años. Aun así, no fue hasta que conocí a Alex, el niño del cual te hablé en el prólogo, cuando decidí ir un paso más allá a la hora de mostrarme. Primero, tomé la decisión de empezar con mi propio proceso terapéutico y luego, empecé a compartir vídeos en los cuales me grababa a mí misma hablando sobre temas que a mi yo más adolescente le hubiera servido escuchar. Aunque eso sí, te confieso que, sobre todo, lo hacía confiando en que al principio no me fuera a ver mucha gente que me conociese. Al final, mi deseo de expresarme comenzó a ser más fuerte que el miedo a que me juzgasen por mostrarme.

Hoy sé que compartir mi voz me sigue ayudando a reparar el dolor y las heridas del pasado. Compartir todo lo que había aprendido de los años de ansiedad constante, de mis años de vergüenza y de miedo al ridículo ha sido muy sanador y qué agradecida estoy ahora de haber podido dar el paso. Hoy no podría estar donde estoy ni ser la que soy sin haber sido la que fui antes, pero tampoco podría hacer lo que hago si no hubiera decidido serlo. En cada una de estas experiencias, he podido conectar con un mensaje lleno de transformación y autoconocimiento.

No eres solo tu pasado ni todos los acontecimientos que te han ocurrido, sino todo lo que haces con aquello que te ha ocurrido y ese es el mejor regalo que tu yo adulto puede darle en el presente a la niña que fuiste.

Es cierto que tu pasado deja huella en ti, pero también es cierto que tu propia historia personal no te define. Quedarse apegada al pasado no ayuda a tomar acción en el presente para poder crear la historia que quieras crear a partir de ahora.

Tener un pasado complicado
no significa tener un presente
sin futuro.

3

HAZ LAS PACES CON TU MENTE
Y CON TU CUERPO

¿Quién es esa vocecita interior que vive en tu cabeza?

Seguro que tú también has encontrado la presencia de un constante diálogo mental dentro de tu cabeza que no suele cesar con
facilidad. Me refiero a esa vocecita interior que aparece con frecuencia en nuestro día a día y que tiende a tener un tono bastante castigador. Encima, si acabamos por creernos todo lo que nos
dice suele hacernos sentir bastante mal.

Por lo general, esa vocecita se encuentra totalmente condicionada por las creencias y mandatos que hemos ido integrando
a lo largo de la vida. Sin embargo, ¿cuánto de lo que dice esa voz
es cierto? La verdad es que tú no eres la voz que existe en tu cabeza y que escuchas a todas horas, porque tú eres solo quien la
escucha y quien la observa.

Para que puedas entender a qué me refiero, te pondré un
ejemplo. Imagina por un momento que estás mirando tres objetos: una foto, un vaso y un libro. Vale, ahora te pregunto: «¿Cuál
de estos tres objetos eres tú?». Sin duda responderías que no
eres ninguno de esos objetos, sino que eres quien los ve y los

observa. No importa lo que haya delante de ti, siempre serás quien decide observarlos.

También es necesario que comprendas que tu mente es como un duendecillo al que le apasiona contar historias y que jamás va a parar de hacerlo. Todos los días te cuenta historias sobre quién eres, lo que te puede suceder en el futuro, lo que no hiciste o sí hiciste en el pasado, lo que deberías o no deberías estar haciendo en tu vida o lo que los demás pueden estar pensando sobre ti. Aunque algunas historias que te cuente puedan ser amables y estar llenas de optimismo, como nuestra mente está programada para la supervivencia y para evitar el peligro, su prioridad fundamental siempre va a ser evitar de una forma u otra cualquier cosa o situación que pueda hacerte daño.

Por ello, muchas de estas historias que tu mente te cuenta pueden ser al mismo tiempo bastante crueles. De hecho, como ya estuvimos comentando durante la primera parte del libro, pueden ser fruto de la educación que cada una recibió de niña. Como ya sabemos, la creación de nuestra identidad y de nuestra autoestima tiene que ver mucho con cuánto nos hemos llegado a creer los mensajes que recibimos en nuestra niñez. Tanto aquellos más amables y asertivos como aquellos más crueles. Pero ¿qué podemos hacer con esta vocecita interior? ¿Es posible controlarla y sacarla de nuestra vida?

No es sencillo poder hacer callar esa voz interior y se hace muy difícil poder controlarla. Para que puedas comprobarlo te propongo hacer un pequeño juego juntas.

Mientras sigues leyendo, te invito a que intentes no pensar en un pastel del sabor que a ti más te guste. Si lo prefieres, también puede ser cualquier otro alimento que te encante y con el cual se te haga la boca agua. No pienses en su color ni en su tex-

HAZ LAS PACES CON TU MENTE Y CON TU CUERPO

tura ni en su sabor. No pienses en su sabor en un día en el que no puedas resistirte al dulce. No pienses en el olor cuando se encuentra recién sacado del horno. No pienses en su textura cuando lo sientes en contacto con tu lengua. No pienses en cómo lames con la lengua la crema del pastel que poco a poco se va derritiendo... ahora dime, ¿qué tal te ha ido?

Lo más seguro es que te haya sido muy difícil poder dejar de pensar en el pastel, ¿verdad?

Pues este juego se basa en un estudio que se hizo con diez estudiantes universitarios. En este experimento, los investigadores separaron a los estudiantes por habitaciones y los sentaron en una silla. En primer lugar, se les pidió a cada uno que empezaran a decir en voz alta y durante cinco minutos todo aquello que se les pasara por la mente. Hasta aquí todo era fácil. A continuación, los científicos les pidieron que volvieran a hacer lo mismo, pero esta vez con una pequeña excepción. En concreto, se les pidió que hicieran lo mismo que la vez anterior, pero sin tener que pensar en un oso blanco. Si comenzaban a pensar en un oso blanco o este se les venía a la mente a través de cualquier imagen, tenían que pulsar un timbre que tenían al lado. Lo curioso de este segundo caso es que resulta que todos los integrantes del experimento acabaron apretando el timbre de manera constante. Por último, en una tercera fase, se les volvió a pedir a los estudiantes que hicieran lo mismo que con la primera fase, pero, en este caso, sí que había permiso para pensar en el oso blanco. Lo más fuerte fue darse cuenta de que los estudiantes no dejaban de pensar en el oso blanco y acabaron por obsesionarse con dicha idea.

¿Sabes? En el día a día, nos pasa lo mismo. Muchos de nuestros pensamientos molestos cobran más fuerza cuanto más intentamos dejar de pensar en ellos.

❖

Cuanto más intentamos luchar contra una idea,
esta se hace cada vez más persistente y al final acaba
ocupando en nuestra vida un mayor espacio.

❖

Con los pensamientos pasa lo mismo: cuanto más intentamos eliminarlos, se produce el efecto contrario, es decir, acabamos por obsesionarnos con ellos. El problema está en que muchas veces solemos analizar e intentar entender todo lo que se nos pasa por la cabeza, lo que en contraste provoca la aparición de muchos más pensamientos y mucho más sufrimiento en el proceso. Otras veces, incluso podemos pillarnos a nosotras mismas intentando cambiar, evitar o eliminar los pensamientos que se nos cruzan a sus anchas por la cabeza, sobre todo cuando estos no nos gustan mucho.

En mi propio proceso personal, he podido observar que la clave para hacer las paces con esa voz interior tan retadora se encuentra en aprender a dar un paso atrás y elegir observarla desde una posición de espectadora cuando nos estemos dando cuenta de que no nos esté aportando nada bueno en el momento presente. A mí me ayuda imaginar a los pensamientos que forman parte de la vocecita como nubes en el cielo. Los pensamientos viven en el cielo de tu mente: aparecen, se quedan durante un tiempo y luego se van. Te invito a observar cómo en el cielo de tu mente llegan y pasan nubes de pensamientos. A veces serán nubes más blancas llenas de paz y calma, otras serán nubes

No eres tus pensamientos,
sino quien los observa.

más grises llenas de dudas e incertidumbres y otras veces serán nubes más negras o tormentosas que vienen con miedos y enfados. Aun así, ninguna de esas nubes te define.

Entonces, en lugar de intentar cambiar o evitar estos pensamientos, nuestro objetivo va a ser aceptarlos. Puede que te preguntes: «Pero ¿cómo voy a aceptar todo tipo de pensamientos molestos circulando por mi mente?».

La aceptación no implica que tus pensamientos y, en consecuencia, las emociones más difíciles que se generan a través de estos tengan que gustarte, sino que tan solo se trata de que puedas abandonar por fin la lucha contra ellos para que al mismo tiempo dejes de hacerles fuertes por medio de tu atención y energía.

El objetivo no tiene que ver con el intento de liberarte de pensamientos molestos, sino que aprendas a mirarlos como lo que son sin intentar controlarlos o luchar contra ellos.

En esta parte del camino, me acuerdo de Stephen, mi casero durante mi estancia en Irlanda, quien por desgracia falleció de cáncer el año pasado. Era un hombre muy sabio del cual tuve el regalo de poder aprender mucho. Recuerdo la gran cantidad de veces que me solía repetir la siguiente frase: «María, nunca te olvides de que a donde va tu atención, va tu energía; y a donde se dirija tu energía, al final eso crece». De esta poderosa frase pude tiempo después sacar la siguiente conclusión: cuando eliges aceptar y abandonar la lucha ante aquello sobre lo que no tienes el control, cuando paras de alimentar los pensamientos difíciles o simplemente permites que estos sigan volando libres como nubes por el cielo de tu mente, es cuando puedes aprovechar para emplear toda esa energía que te queda en cultivar aquello que sí que dependa de ti para construir una vida que merezca la pena vivir.

Por ello, cuando aparezcan en tu mente cierto tipo de pensamientos que te incomoden, puede que te resulte útil comenzar a cuestionarlos a través de alguna de las siguientes preguntas:

- ¿Qué datos en el aquí y ahora tengo para corroborar que este pensamiento sea cierto?
- ¿Creo que todo el mundo pensaría lo mismo en las mismas circunstancias?
- Además de la explicación que le doy a este suceso, ¿podría haber otra interpretación?
- ¿Podrías encontrar otro pensamiento alternativo que me beneficiara en mayor medida?
- ¿Cuántas veces he tenido ese pensamiento y al final no ha ocurrido lo que temía?
- ¿Cuánta probabilidad objetiva hay de que eso pase?
- ¿Hay algo que yo pueda hacer sobre esto?
- ¿Me aportaría algo de paz llegar a creerme este pensamiento?
- Aunque este pensamiento fuera verdad, ¿qué es lo peor que podría pasar?

- ¿Este pensamiento me ayuda a ser la persona que deseo ser y a actuar de la forma que me gustaría?
- ¿Me hace sentir bien?

Si te ayuda a actuar o a buscar alguna solución, préstale atención. Si no es de ayuda, da un paso atrás y cuestiónalo. Vamos a ver esto con un ejemplo:

Imaginémonos que descubres que dos amigas tuyas han quedado a tomar algo esporádicamente sin avisarte. «¿Cómo es posible que hayan quedado sin decirme nada? ¿Es que acaso ya no les importo?», te dice tu vocecita interior. De repente, comienzas a entrar en un bucle de pensamientos dolorosos que parecen no tener fin mientras que empiezas a sentir una sensación de abandono por todo tu cuerpo. Ante esta situación, podemos elegir dos caminos:

- El primero es permanecer en un círculo vicioso. En este camino, nos enganchamos a diferentes pensamientos que nos vienen tras haber conocido la noticia de la quedada sin tomar consciencia de ellos. Eso significa que decidimos creer que son ciertos de manera automática.
- El segundo sería el que ya hemos visto antes: elegir parar, cuestionar y dar un paso atrás.

Si tomamos el segundo camino, hay tres pequeños pasos que pueden darnos un empujoncito a la hora de salir del círculo vicioso en el cual hemos quedado atrapadas: el primero es observar los pensamientos; el segundo es cuestionarlos y, el tercero, aceptarlos desde la autocompasión, sean verdad o no. A continuación te detallo un poco más sobre cada uno de los pasos:

Paso 1:

Observo y me doy cuenta de cada pensamiento doloroso que viaja por mi mente sin identificarme con ellos.
Por ejemplo:
«A mis amigas ya no les caigo bien».
«Todo el mundo acaba dejándome sola».

Paso 2:

Los cuestiono y los pongo a prueba a través de algunas preguntas:
Por ejemplo:
«¿Qué datos tengo para corroborar que este pensamiento sea cierto?».
«Mis dos amigas han quedado entre ellas y no me han dicho nada. Si yo les cayera bien, seguro que me hubieran avisado y no me hubieran dejado sola».
Además de la explicación que le doy a este suceso, ¿podría haber otra explicación? ¿Podrías encontrar otro pensamiento alternativo que me beneficiara en mayor medida?
«He visto que mis dos amigas han estado juntas tomando algo. Puede que hayan quedado sin avisarme, pero también puede ser que se hayan encontrado de casualidad y hayan aprovechado el momento para ir a tomarse algo».
¿Hay algo que yo puedo hacer sobre esto?
«Como no hay una certeza absoluta de que hayan quedado sin mí intencionadamente, voy a elegir tener una conversación con ellas para preguntarles acerca del motivo del encuentro y para comunicarles desde la asertividad cómo me ha hecho sentir».

Paso 3:

Si me faltan datos para poder corroborarlo como verdad, elijo otra interpretación desde la autocompasión.

Por ejemplo:

«Da igual si han quedado sin mí de manera intencionada o porque se hayan encontrado de casualidad, mi valor como persona no depende de mis amistades. Por supuesto que me permito sentir tristeza, rabia o impotencia si la primera opción llega a ser cierta, pero elijo que eso no determine mi valor como persona. Aun así, hablaré con ellas para intentar conocer la verdad y aclarar cualquier tipo de malentendido».

✧

Cualquier pensamiento puede ser cambiado
y creer mucho en un pensamiento
no garantiza que sea cierto.

✧

Que tu voz interior no te impida construir una relación respetuosa con tu cuerpo

¿Y qué ocurre cuando lo que dice esa voz interior afecta a la relación que tenemos con nuestro cuerpo? Nadie nace odiando su cuerpo, sin embargo, la sociedad nos ha hecho creer que existen cuerpos más válidos que otros. En realidad, estamos prácticamente rodeados de medios que nos transmiten lo que según la sociedad supone tener un cuerpo correcto e ideal y lo que no. Las películas, las revistas o los anuncios de televisión son transmisores a la hora de perpetuar dichas creencias y estándares sociales. Por este motivo, es importante aprender a tener una mirada crítica que nos permita distanciarnos de todas aquellas creencias dolorosas sobre la apariencia que nos alejan a la hora de emprender acciones efectivas para cultivar una vida auténtica y valiosa.

Como decíamos antes, la vocecita interior que vive con nosotras también va a necesitar ser cuestionada cuando el foco se encuentre en nuestra apariencia y estos pensamientos comiencen a afectarnos de manera destructiva. Esta voz es la que hace que nos sintamos avergonzadas con nuestros cuerpos con pensamientos del tipo:

- «Hasta que no pierda peso, no podré verme guapa».
- «Si no pierdo tripa ni de broma voy a ir este año a la playa».
- «Mis pechos y mis caderas son horribles».
- «Madre mía, como siga engordando así nadie me va a querer».

Y qué daño hacen este tipo de pensamientos sobre nuestra imagen corporal, ¿verdad? Pero, a fin de cuentas, ¿qué entendemos por belleza? ¿Qué significa en realidad que algo sea bello o feo? ¿Y a ojos de quién?

No existe un cuerpo ideal de belleza, todos los cuerpos son igual de ideales y de válidos. Sin embargo, para adentrarnos en esta percepción, es importante abrazar en primer lugar nuestra transformación individual como la base del cambio de estas creencias en futuras generaciones.

Necesitamos cuestionar todo
aquello que nos han contado
acerca del constructo de belleza,
que bajo ningún concepto lleva
consigo una verdad absoluta.

Es genial que tu apariencia física te importe y que te cuides y te arregles, porque es algo que forma parte de nuestra humanidad. No obstante, lo dañino comienza con la preocupación de manera obsesiva por ser «bella». Sobre todo, cuando nuestra vida comienza a girar alrededor de estos conceptos, limitando nuestra libertad y nuestra salud emocional, mental y física.

Seamos realistas, en el fondo es difícil que nos llegue a gustar absolutamente todo nuestro físico, pero esto no debería imposibilitar que no podamos aprender a cuidar y a respetar nuestro cuerpo por todo lo que es y por todo lo que nos permite hacer y vivir.

Reconocer desde la compasión que quizá jamás nos llegue a gustar todo nuestro físico puede ser sanador y liberador.

Lidiar con la vergüenza corporal puede llegar a ser un desafío, pero siempre es posible cultivar una relación más respetuosa con tu cuerpo. A continuación, te invito a tener en cuenta las siguientes propuestas para comenzar a llevarnos mejor con nuestro cuerpo:

- Cuestiona el concepto de belleza y construye el tuyo propio. Te invito a buscar inspiración a la hora de definir tus propios estándares de belleza reconociendo la diversidad corporal.
- No te dejes llevar por todo lo que ves en las redes sociales. Muchas veces se encuentran llenas de imágenes de cuerpos «perfectos» y a menudo utilizan técnicas de edición de fotos u otras herramientas que ayudan a perfeccionar la apariencia.
- Date cuenta de las cosas que te gustan de ti y cuestiona las creencias que tienes acerca de aquellas partes de

tu cuerpo que rechazas. Además, a veces, tendemos a centrarnos demasiado en aquello que nos molesta de nuestro físico opacando el resto de aspectos que al mismo tiempo nos gustan de nosotras.

- Cultiva la gratitud con el cuerpo recordándote todo lo que este te permite hacer. Te propongo que te fijes en cada parte de tu cuerpo, una a una, y te vayas preguntando cosas como estas:

¿Qué actividades puedes hacer gracias a tus piernas?
¿Qué olores increíbles puedes explorar gracias a tu nariz?
¿Qué platos deliciosos puedes saborear gracias a tu boca?
¿Qué danzas has podido bailar gracias a tus caderas?
¿Qué lugares has podido recorrer gracias a tus pies?

- Como hemos comentado antes: transforma tu vocecita interior cuando comience a juzgar cualquier parte de tu cuerpo. Le podemos dar las gracias por querer intentar protegernos frente a la crítica externa, pero no debemos dejarnos llevar por ella si lo que nos dice no nos resulta útil de ninguna manera, sino más bien al contrario, nos limita.
- Explora el automasaje corporal e investiga cada rincón de tu cuerpo desde la amabilidad y el cariño, permitiéndote el placer y aceptando todo aquello que te haga sentir.
- Si puedes permitírtelo, te invito a ir a lugares en donde puedas desnudarte y sentir el contacto de la naturaleza con tu cuerpo para permitirte reconectar con él. La desnudez nos sana y nos conecta con nuestra vulnerabilidad.

- Conecta con amigos, familiares o grupos terapéuticos que promuevan la diversidad corporal y estén abiertos a cuestionar los constructos de belleza. Compartir tu mundo interior con personas con las cuales puedas sentirte segura y apoyada en tu proceso puede ser bastante sanador.

4

SENTIR ES SANAR

¿Cómo reaprender a habitar tus vacíos?

Tengo que confesarte que durante todo este tiempo que llevo recorriendo el camino del autoconocimiento de manera personal, unido al tiempo que llevo acompañando procesos humanos en sesiones de terapia, me ha bastado para adoptar la creencia de que en el fondo todos los seres humanos estamos rotos por dentro y todos en algún punto sentimos una sensación de vacío inherente a nuestra naturaleza humana.

En sesiones de terapia, descubro que por lo general las personas a quienes acompaño suelen describir esta sensación de vacío como un gran agujero que les atraviesa el pecho y que las hace sentir infelices. Lo paradójico es que hemos crecido con la idea de que eso era algo malo, algo que había que «solucionar» o «esconder» ya sabes, para «ser suficientes». Esa creencia es la que nos hace buscar fuera, consumir, llenarnos de cosas, entrar en relaciones de codependencia, tomar drogas o beber alcohol, tener relaciones sexuales de manera inconsciente y obedecer a otros desde el miedo, en lugar de poner la mirada en ti y en tu verdad.

La intención desde la cual aparecen este tipo de conductas es siempre la misma: encontrar la calma en ese momento para poder paliar el dolor y deshacernos de la incomodidad que anhelamos dejar de sentir a toda costa. Pero lo curioso es que esa sensación siempre vuelve. Tu vacío vuelve porque lo que más necesita siempre es que tú lo puedas ver y reconocer.

En mi caso, los momentos de vacío han sido los instantes en donde más he podido descubrir acerca de mí misma. Han sido momentos en donde sentía que la oscuridad me ahogaba por dentro y a la vez más me transformaba. Son estas crisis de vacío existencial las que al final están más al servicio de tu despertar y hacen que te replantees la vida más allá de la programación recibida, lo cual te ayuda a liberarte y a construir una nueva forma de mirar la vida.

Por ello, sentir ese vacío es sanar. Sentir nos permite conectar con la verdad, con aquello que en realidad está sucediendo a través de nuestro cuerpo.

❦

Si te abres a escuchar tu vacío,
encontrarás sabiduría acerca de la forma
en la cual estás viviendo tu vida para poder
darte la oportunidad de dejar ir lo que
ya no está alineado con lo que hoy
necesitas y abrirte a lo nuevo.

❦

Ese lugar dentro de ti donde sientes ese vacío es también el lugar donde vive la mayor probabilidad de expansión posible, en el que puedes conectar con quien quieres ser de verdad, con tu libertad.

Nuestro cuerpo es como un mensajero que llega a la puerta de nuestra casa y no se va a ir bajo ningún concepto hasta que no haya entregado el recado correspondiente. ¿Y por qué bajo ningún concepto? Pues porque tu vida puede estar en peligro, aunque tu cuerpo no sepa con exactitud la gravedad del asunto. Por eso, si ignoras tus emociones, este va a empezar a llamar al timbre cada vez más fuerte, lo que puede provocar consecuencias graves en tu salud.

Como ves, las emociones no se combaten. En el fondo gasta mucha energía luchar contra ellas, ya que no están hechas para ser reprimidas, sino para ser sentidas. Es reprimirlas lo que te enferma, no sentirlas.

❀

Las emociones son mensajeras que nuestro cuerpo nos manda con la mejor de las intenciones. Son los mensajes que nos envía para poder aprender a movernos por el mundo.

❀

En realidad, todo lo que sientes está bien y es normal porque el oráculo sabio de tu cuerpo así te lo hace llegar. No existen emociones buenas, malas, negativas o positivas. Sí hay emociones más agradables de sentir y otras más desagradables que llegan a tu vida para guiarte y para ayudarte a adaptarte a este mundo, a satisfacer tus necesidades, a hacer cambios o a actuar. Así que, durante este apartado, me gustaría hablarte de cómo tomar consciencia de tus emociones para encontrar formas de atenderlas desde el cariño y la presencia plena.

Cuanta más presencia le das a tus vacíos, más los llenas de ti y menos podrás encontrarte atrapada en carencias externas.

- ¿Eres capaz de identificar de qué emociones está hecho tu vacío? Si es así, ¿cómo podrías acompañarte en tu emoción? ¿Qué puedes hacer por ti en este momento?
- ¿Existe alguna necesidad insatisfecha a la que alguna emoción esté haciendo referencia? Si es así, ¿qué acción podrías llevar a cabo para poder intentar satisfacer esa necesidad?

Para poder ayudarnos a hacer conscientes nuestras necesidades, es importante mencionar al psicólogo humanista Abraham Maslow. Afirmaba que el ser humano se movía y actuaba con el fin de cubrir ciertas necesidades. Por ello, el papel de las emociones es fundamental a la hora de indicarnos el camino de encuentro con tales necesidades.

Cuida de tus emociones

El problema no son nuestras emociones, sino que evitamos sentirlas y acabamos viviéndolas como amenazas. Tanto cuando estas se manifiestan en nosotras como cuando lo hacen a través de otras personas.

¿Qué hacemos cuando estamos con alguien que siente dolor y comienza a llorar a nuestro lado? Por lo general, existe una tendencia a sentirnos incómodos frente a estas situaciones. Enseguida, intentamos buscar una salida que nos ayude a sacar a la persona de la emoción que está sintiendo. Puede que le intentemos hacer reír, que le recordemos las cosas bonitas y positivas que tiene en su vida o que intentemos animarlo de la forma que sea. Pero nos cuesta mucho poder validarla y acompañarla en su dolor, por eso intentamos de todas las formas posibles que deje de sentir eso que está sintiendo por una baja tolerancia al malestar.

Por eso, muchas veces no eres tú quien eres demasiado sensible, sino que son los demás quienes no pueden comprenderte o son demasiado insensibles. No te dejes engañar convenciéndote de que hay algo malo dentro de ti cuando muchas veces el verdadero problema lo tienen aquellos que son poco sensibles. Cuanto antes podamos llevarnos bien con la idea de que somos seres que sienten, mayor paz podremos tener con nuestras emociones y podremos mostrarnos al mundo con mayor autenticidad.

❖

No estás exagerando.
No eres demasiado sensible.
No eres demasiado intensa.
Si te duele, te duele.
No minimices lo que sientes solo porque
algunos no lo comprendan.
Es válido sentir todo lo que sientes.

❖

Te voy a compartir una historia por si te sintieras identificada con ella:

Irene es una chica que acaba de tener un conflicto con una amiga porque esta le ha dicho algo que le ha molestado mucho. Irene en ese momento empieza a sentir muchísima rabia y, por lo tanto, eso la lleva de manera consciente a comunicarle a su amiga que ese comentario le ha dolido. Sin embargo, su amiga le responde: «Jolines, Irene, todo te lo tomas de manera personal, nunca se te puede decir nada». En ese momento, el cuerpo de Irene se tensa, se le encoge la barriga y empieza a sentir un batiburrillo emocional. Ese comentario por parte de su amiga puede que le haya recordado a su cuerpo todas las veces en que en un pasado una parte suya fue rechazada e invalidada a nivel emocional por comunicar lo que sentía. Puede que ese momento le haya recordado a las veces que su madre le decía que era muy sensible o a los momentos en donde el profesor de su escuela le decía que no servía de nada que se pusiera así. De repente, a Irene le entran unas ganas de llorar tremendas junto con una gran impotencia, pero decide reprimir su llanto porque no quiere parecer débil a ojos de esta amiga. A continuación, comienza a sentirse culpable porque se da cuenta de que también siente rabia y no puede evitarlo. En ese momento, comienza también a tener miedo de que su amiga se dé cuenta de lo que le está pasando. De hecho, si su amiga se da cuenta, Irene sentirá vergüenza y bajo ningún concepto desea permitírselo. Por otro lado, Irene es incapaz de conectar con todo ese batiburrillo emocional que le está ocurriendo por dentro para poder elegir cómo va a actuar a partir de ese momento teniendo en cuenta lo que ha ocurrido. Irene elige guardárselo todo para sí misma y trata de hacer como que nada le ha afectado. Sin embargo, al poco tiempo, cuando Irene llega a su casa, entonces comienza a sentir ansiedad. Este sentimiento es como la alarma que llega para avisarla de que no se está permitiendo conectar con su mundo interno para poder gestionar lo que le está ocurriendo.

Como quizá acabas de ver en la historia, si en un momento entramos en un conflicto con otra persona y empezamos a sentir emociones desagradables, es importante aprender a conectar con ellas. Si Irene no reconoce ni acepta lo que está sintiendo, difícilmente va a poder dar una respuesta útil y acorde a la situación que está viviendo ni va a poder hacerse las siguientes preguntas: «¿Qué pretende comunicarme esta emoción? ¿Hacia dónde quiere dirigirme?».

Por ejemplo:

- Si no se permite aceptar la presencia de su tristeza, le resultará difícil conectar con la necesidad de ser aceptada por quien es en realidad.
- Si no se permite aceptar la presencia de su rabia, le resultará difícil conectar con la necesidad de expresar su molestia por la invalidación recibida.
- Si no se permite aceptar la presencia del miedo, le resultará difícil conectar con la necesidad de sentirse segura.
- Si no se permite aceptar la presencia de la ansiedad, le resultará difícil reconocer que quizá se encuentra en una relación en donde en algunas ocasiones se siente poco cuidada.

Y en este caso ¿qué podemos hacer?

Bien, imagina que estás atravesando en estos momentos por una situación parecida a la de Irene. A continuación, te invito a hacer una práctica muy sencilla que puedes realizar en pocos minutos, con ella puedes comenzar a autorregularte y a aprender a conectar con tu propio mundo emocional.

El ejercicio que te propongo se trata de una herramienta de *mindfulness* o «atención plena» para poder aprender desde el cariño a llevarnos mejor con nuestras emociones y sensaciones corporales. Así, podrás decidir con mayor calma qué hacer con ellas de una forma más objetiva.

¿Estás preparada?

- En primer lugar, ponte en un lugar cómodo, cierra los ojos y comienza conectando con tu respiración.
- Empieza visualizando una situación desagradable que hayas experimentado hace poco o que consideres posible experimentar en el futuro. Puede ser una discusión de pareja, de amigos o familiares, algo que te afecte de tu trabajo, cualquier cosa por la que sientas miedo...
- Date cuenta de cómo se siente esa situación en tu cuerpo. Si sientes algún tipo de tensión en alguna parte, nerviosismo o se te acelera el corazón. También date cuenta de cómo es tu respiración. Quizá es más rápida de lo habitual. Comienza a dar espacio a todas esas sensaciones e imagínate ahora que eres una científica curiosa que está comenzando a explorar el paisaje de tu cuerpo por primera vez con todas sus tierras y sus océanos. Observa sin juicio y siente todo eso. No tienes que pensar en nada, solo sentirlo.

- Una vez hayas conectado con las sensaciones, diles que si quieren pueden permanecer ahí, que no vas a rechazarlas. Puede que aparezcan y luego se vayan tal cual han venido a medida que las dejes «entrar». Recuerda que, cuando más luches contra ellas, más resistencia y fuerza tendrán.
- Cuando lo sientas, abre los ojos. Poco a poco, puedes irte incorporando. No olvides que, siempre que necesites regular tus emociones, puedes volver a este espacio.

Muchas cosas comenzaron a cambiar en mi vida cuando empecé a preguntarme qué podía hacer por mí y cómo podía acompañarme a mí misma cuando una emoción que tanto me incomodaba sentir aparecía de repente. Aceptar todas mis emociones ha sido un paso importante en este camino de encuentro conmigo misma.

Explora las incoherencias en tu vida: la ansiedad

Cuando la ansiedad llamó a mi puerta

Recuerdo mi primer ataque de ansiedad. Tenía diecisiete años y estaba en segundo de bachillerato. Ya sabes, ese curso en donde terminas con un examen y empiezas con otro sin apenas haber tenido descanso entre medias. Estaba cansada, agotada. Además, durante esa época, también recuerdo estar rodeada de amistades que no me estaban haciendo sentir bien y mi cuerpo me decía: «Por ahí no es». Pero yo no entendía nada. Como por aquel entonces no sabía cómo escucharlo ni tampoco tenía las herramientas emocionales suficientes para hacerlo, al final me acabó pasando factura.

Al final, la solución que me dieron en el hospital fueron pastillas para estos supuestos «nervios». Obviamente, esto ayudó a que los síntomas desaparecieran, pero no el verdadero problema.

Hoy por fin, tras otros tantos ataques de ansiedad y crisis durante el camino, he podido comprender y conocer con más profundidad la sabiduría de esta emoción como maestra. Por ello quiero traerte algunas reflexiones por si te pueden ayudar a gestionar tus momentos de ansiedad de una forma mucho más amable para ti.

Donde estés siendo incoherente contigo misma o en cualquier aspecto de tu vida, aparecerá una señal de alarma que se escuchará cada vez más fuerte si decides no pararte a sentirla. No podemos separar los conceptos de ansiedad e incoherencia, pues ambos siempre van de la mano. En el camino del encuentro con tu autenticidad, va a ser importante darte cuenta de aquellas incoherencias que afloran en contra de tu equilibrio mental y emocional, de las cuales el oráculo de tu cuerpo siempre te intenta hacer consciente a través del malestar.

Por ejemplo, a veces vienen a terapia personas que me dicen que tienen ansiedad. Resulta que descubrimos que su pareja las maltrata. Y, claro, es normal que su cuerpo les esté hablando a través de la ansiedad. Su cuerpo no les va a dejar en paz o no les va a permitir sentirse seguras al lado de alguien que resulta ser una amenaza para su salud y autenticidad, ¡y qué bueno que así sea! Por ese motivo, la ansiedad no es una enemiga contra la cual debamos luchar, sino que muchas veces es una aliada encargada de protegernos de muchas amenazas.

❖

Muchas veces percibimos los síntomas
de la ansiedad como «el enemigo», algo peligroso
que tenemos que eliminar, pero, en realidad,
son los mensajeros que nos invitan a poner
la mirada hacia dentro para poder cubrir
alguna necesidad o incoherencia que no estamos
atendiendo de manera adecuada.

❖

Siguiendo con el ejemplo anterior, por si te ayuda a entender mejor el funcionamiento de la ansiedad en tu vida, vamos a comprarla con un iceberg. En primer lugar, en la parte del iceberg que se ve, ubicamos aquellos síntomas incómodos que son visibles y que ayudan al cuerpo a expresarse (agitación, nerviosismo, tensión, hiperventilación, sudoraciones, temblores, palpitaciones…). El resto, lo que no se ve, pero sigue presente en tu interior, es esa parte por descubrir de ti misma donde se encuentra la raíz de los síntomas (incapacidad para poner límites, heridas de la infancia, traumas y duelos no procesados, decisiones que no somos capaces de tomar, codependencia dentro de las relaciones, falta de necesidades básicas o afectivas cubiertas, emociones no sentidas, consumo de fármacos, otros problemas de salud…). Por lo tanto, tenemos que atender al síntoma, es decir, la punta del iceberg, pero también es importante ir a buscar aquello que lo origina, esto es, toda la parte del iceberg que está por debajo del agua.

Los síntomas de ansiedad son
como una alarma de incendios que
nos avisa de que tenemos que salir del
lugar en el que estamos si no queremos
acabar por quemarnos. Podemos
taparla para no escucharla,
pero eso no hará que
el fuego se apague.

Una persona a la que acompaño en terapia me dijo una vez algo así como: «María, no sé por qué esta última semana he tenido ansiedad, si estoy aprendiendo a relacionarme mejor con la vocecita de mi mente que se agobiaba tanto por el futuro y estoy intentando tener momentos de desconexión y descanso...». A lo largo de la sesión, explorando un poco más a fondo, se dio cuenta de que su autocuidado no estaba siendo suficiente, sobre todo a la hora de poner límites en sus respectivas relaciones interpersonales dentro de su área de trabajo. Resulta que una compañera de trabajo llevaba días evadiéndose de responsabilidades y tareas que le correspondían y mi paciente se estaba haciendo cargo de esa parte que no era suya. Se sentía frustrada y con mucha rabia, pero no era capaz de comunicar su malestar a la otra persona ni de poner límites. Así pues, había una incoherencia entre lo que estaba sintiendo en su trabajo (rabia, frustración, incomodidad...) y lo que estaba haciendo al respecto, es decir, no estaba expresando como necesitaba lo que sentía ni poniendo límites a esta compañera.

Como ya veremos en el apartado de la rabia, si la tenemos en cuenta y la normalizamos, nos ayuda a poner límites y a pedir aquello que estamos necesitando. Pero, si decidimos no hacerle caso, ahí es donde la ansiedad toma el mando para comunicarnos que tocará hacer algún ajuste en nuestra vida para que haya coherencia.

Es evidente que no siempre ese cambio que nuestra ansiedad nos demanda hacer va a depender por completo de nosotras o va a poder darse de un día para otro. Pero sí que va a ser importante que podamos escuchar a nuestro cuerpo y preguntarnos qué nos sucede. Una vez identificada la raíz del malestar, podemos ver si hay posibilidad de solucionarlo por nuestra cuenta o aceptar que quizá por el momento no tenga solución o no esté en nuestras manos y, por supuesto, ser capaces de pedir ayuda de un profesional si la situación nos supera por completo.

Por si estás experimentando la incomodidad de la ansiedad, te propongo a continuación unas preguntas que puedes hacerte:

- ¿Qué motivos hacen posible que la ansiedad haya aparecido en mi vida? (Esta pregunta es básica para transformar la ansiedad de enemiga en aliada).
- ¿Qué tendría que ocurrir para que la ansiedad pudiera desaparecer de mi vida?
- ¿Qué actividades me ayudan a poder aliviar los síntomas de la ansiedad?
- ¿Lo que siento, pienso y necesito en algún área de mi vida es coherente con lo que estoy haciendo?

Por último, te dejo a continuación algunos datos concretos y otros a modo de resumen. Creo que es necesario que conozcas la ansiedad para poder cultivar una relación más armoniosa con ella cuando aparezca en tu vida:

- Por muy dolorosa que sea, tu ansiedad no busca ni puede hacerte daño, siempre y cuando aprendas a no ignorar los síntomas que te envía a través de tu cuerpo.
- Ten en cuenta que muchas veces la función de la ansiedad es la de avisarnos de si hay algo que no está funcionando en nuestra vida para garantizar nuestra supervivencia y guiarnos hacia aquello que necesitamos. Quizá nos está avisando de que es momento de

descansar, puede que nos esté alertando de que estamos en una relación tóxica o en un lugar que no es seguro para nosotras. Para ello es importante aprender a comprender y escuchar las señales que nos envía nuestro cuerpo.

- Para poder llevarnos un poco mejor con la ansiedad y disminuir sus síntomas, es aconsejable: aprender a identificar sus señales en el cuerpo (taquicardias, palpitaciones, mareos, sensación de ahogo...), realizar actividades corporales (dinámicas de respiración, deportes, baños...) o hacer ejercicios que nos inviten a conectar con el cuerpo, como por ejemplo a través del *mindfulness*. También podemos hacer cualquier otra cosa que nos ayude a acercarnos y a aliviar el malestar de una manera amable sin huir o luchar contra él.

Protege tus límites: la rabia y la culpa

Como una persona empática, he tenido que trabajar muchísimo en construir mi propio espacio emocional y energético a la hora de relacionarme con los demás. He intentado tantas veces complacer a los demás por encima de mí misma que en el camino he acabado por dejarme de lado.

Solemos complacer las necesidades de otras personas por encima de las nuestras propias y nos olvidemos de lo que en realidad sentimos y necesitamos para ser aceptados. Está bien querer que te acepten y sentir que perteneces a algo, pero al mismo tiempo es importante que pongas atención en lo que tú necesitas para no perderte a través del otro.

A veces plantamos las semillas en los jardines de otras personas y nos quedamos con la angustia de si las van a cuidar o no, pues de ellas depende única y exclusivamente nuestro alimento. Lo mismo ocurre con el amor y la aceptación.

Planta en tu propio jardín primero, riega y nutre tu tierra, no permitas que todo el mundo entre dentro de él. Pon tus límites y ya, cuando en tu jardín crezcan los árboles con sus correspondientes frutos, quizá sea el momento para dárselos a otra persona, siempre y cuando tú no te quedes vacía por dar tanto o por dar aquello que no tienes.

✣

Tu libertad también se encuentra donde están los límites que pones a los demás. Sin tus límites, no puedes pretender ser quien en realidad vienes a ser.

✣

Sé que no es fácil establecer límites, porque aprender a ser auténtica, diferente y sincera con una misma es un camino difícil. Sin embargo, es el único camino que puede llevarte a encontrar relaciones seguras, con personas honestas que te respeten y te acepten tal como eres en realidad. Eso sí, muchas veces ocurrirá que, cuando empieces a poner límites, algunas personas te van a juzgar, otras se van a enfadar e incluso es posible que otras se alejen de ti. Eso va a ser inevitable, es completamente normal y, a veces, necesario.

Sin embargo, piensa que las personas que de verdad te quieren por ser tú van a aceptar a tu nuevo yo y te van a apoyar.

Así que, como tal vez ya te habrás dado cuenta, poner límites es una práctica de autocuidado que conlleva la decisión de comunicarle a la otra persona qué cosas no estás dispuesto a tolerar dentro de vuestra relación. Es decir, tus límites se encargan de enseñar a cualquier persona cómo cuidarte y tratarte.

Por lo tanto, aprender a poner límites es un viaje que te lleva a cultivar el autocuidado y el amor propio. Es una forma de protegerte para darte cuenta de qué personas son las que de verdad vale la pena que se queden en tu vida.

¿Y cómo podemos aprender a poner límites? El trabajo a nivel personal se encuentra en aprender a gestionar la incomodidad que muchas veces van a producir en nuestro cuerpo emociones como el miedo y la culpa.

- ♥ En primer lugar, el miedo a las reacciones de las personas, a que te abandonen o a que te rechacen.
- • Miedo a que, si pones límites, te sientas juzgada.
- • Miedo al conflicto, a que puedan sustituirte, a que dejen de pensar que ya no eres una «niña buena».

- ♥ En segundo lugar, la culpa que surge a raíz de defender tu verdad tras haber pasado gran parte de tu vida sometida a la voluntad de otros.
- • Culpa por cargar con la creencia de estar traicionando a las ideas de otros por elegir por fin escucharte a ti.
- • Culpa por elegir tu libertad, por elegir quién quieres ser en realidad por encima de lo que te han dicho que deberías ser.

Para mí, aprender a poner límites es como comenzar a ir al gimnasio a entrenar por primera vez en mucho tiempo. Los límites son como músculos de tu cuerpo que empieza a entrenar por primera vez en su vida. Al principio nos va a costar mucho ejercitarlos hasta que comenzamos a exponernos a ello poco a poco y adquirimos el hábito. Para poder ver resultados, esto nos va a requerir tiempo y firmeza con nuestras palabras, así, poco a poco, podremos abrirnos a tolerar el malestar que puede llegar a generarnos esta práctica sobre todo al principio.

Además, a la hora de comenzar a poner límites, es necesario darle la bienvenida también a tu ira. La ira es la emoción que te da la fuerza para decir que algo es un no para ti, que algo te está molestando o que algo no te gusta. Siempre que no te escuches y permitas que otros traspasen tus límites, ahí estará ella. La ira no es mala, lo que ocurre es que muchas veces hemos confundido expresar ira de manera asertiva con expresarla de manera violenta y agresiva, desde el abuso y la manipulación, que no es lo mismo.

Elige alzar tu voz

Imaginemos a Clara, una chica cuya madre está todo el rato criticándola y diciéndole qué tiene que hacer con su vida. Como es obvio, a Clara esto le molesta mucho. Eso hace que aparezca la rabia en su vida para avisarla de que toca considerar ponerle un freno al comportamiento de su madre. Aun así, nunca le dice nada y siempre se lo acaba callando todo.

Es posible que a Clara le hayan educado para quedar siempre bien con los demás a costa de ser siempre obediente y de dejar las decisiones sobre su vida en manos de otras personas. Quizá, cuando era pequeña, se le recompensaba con cariño cada vez que optaba por ser complaciente y callada. Este comportamiento la ayudó a ganarse la aceptación y el amor de los demás, pero también le hizo tener que distanciarse de su ira y de sus necesidades auténticas. Algún día, Clara tendrá que romper con este ciclo y elegir alzar la voz si no desea que esto acabe afectando a su ánimo a largo plazo.

Si te identificas con el ejemplo anterior, a lo mejor te estás preguntando en estos momentos qué puedes hacer al respecto. Mi consejo es que empieces por comunicarle a la otra persona de manera asertiva cómo te sientes. Puedes decir:

«Mamá, agradezco mucho que te preocupes tanto por mí y por mi vida. Sé que en el fondo quieres lo mejor para mí, pero me gustaría que a partir de ahora me dejaras tomar mis propias decisiones de manera libre. Me molesta mucho cuando siento que no me das mi espacio y, por eso, necesito que dejes de criticar cada una de las decisiones que voy tomando en mi vida, aunque no estés de acuerdo con ellas».

A continuación, en el caso de que por fin decidas alzar la voz y marcar tus límites, igual que Clara, pueden ocurrir dos situaciones diferentes:

Situación n.º 1: Puedes verte en la situación de que esta persona respete tus límites y los acepte.

Situación n.º 2: Puedes verte en la situación de que esta persona de tu entorno se extrañe. Si se aprovechaba de ti cuando no sabías cómo poner límites, es posible que te critique e incluso que seas tachada de egoísta por ello.

Por eso, recuerda que las personas que se enfadan cuando pones límites son aquellas que se aprovechaban de ti cuando no los ponías. Acepta que va a haber gente que se va a enfadar cuando aprendas a poner límites. Acepta que el comienzo de tu libertad no tiene que ser agradable de sentir, pero que es el precio de elegirte y de comenzar a amarte.

Conoce tus recursos: el miedo

El miedo va a aparecer con frecuencia en tu vida. Hay muchas situaciones que desde tu interpretación pueden suponer una amenaza de cualquier tipo, ya sea física, mental, emocional o social. El miedo es una alarma que indica que percibimos en nosotras mismas una descompensación entre aquello a lo cual nos enfrentamos y los recursos que tenemos para poder hacerlo «con éxito». Por lo tanto, solo si la amenaza percibida supera a los recursos que creemos tener disponibles para enfrentarla, surgirá el miedo y saltarán los sistemas de alarma para comunicarte que inevitablemente si no quieres ser dañado, vas a necesitar protegerte de la forma que sea.

Imagina que un día que vas caminando te encontraras con un león. ¿Qué harías? Yo quizá saldría corriendo porque no contaría con los recursos necesarios para poder enfrentarme a él. Pero a lo mejor otra persona, como por ejemplo un domador de leones, podría enfrentarse a tal amenaza, ya que seguramente contaría con el conocimiento necesario para poder desenvolverse con facilidad frente a él.

En resumen:

- Si la amenaza es mayor que los recursos con los que contamos, surgirá el miedo.
- Si los recursos con los que contamos superan a la amenaza, no surgirá el miedo.

Para avanzar hay que hacer las paces con el miedo

Un día tuve una sesión con mi terapeuta. Llegué con un gran miedo a la consulta. Justo al día siguiente iba a comenzar a vivir sola por primera vez en mi vida, pues había decidido independizarme por cuenta propia de la vivienda de mis padres. El miedo, la inseguridad y la incertidumbre no hacían más que apoderarse de mi cuerpo y de mi mente en ese momento. Mi mente estaba descontrolada y secuestrada por varios pensamientos difíciles, mientras que mi cuerpo no paraba de temblar y de somatizar a través de náuseas y dolores fuertes de estómago.

No podía dejar de preguntarme:

«¿Y si no puedo soportar vivir sola? ¿Y si de repente ocurre algo con mi trabajo y dejo de tener pacientes y tengo que dejar de ser independiente? ¿Y si todo eso me hace tener que volver a casa de mis padres y todo eso me hace sentir como una fracasada en la vida? ¿Y si me equivoco y en realidad este no es el momento para irme de casa de mis padres? ¿Y si acabo sufriendo y perdida de nuevo por la vida?

Y si...

Y si...

Y si...».

Frente a tal cacao mental, mi terapeuta me dijo algo así como:

«María, todo lo que estás comenzando a sentir forma parte de un proceso normal en la vida. Salir de la cueva donde llevas gran parte de tu vida escondida es incómodo, pero en el fondo es un proceso por el que todo el mundo que tiene ganas de libertad y de autenticidad va a tener que pasar. En tu vida, como en la propia naturaleza, vas a tener calor, pero también frío. Vas a tener días con lluvias y tormentas y días con un agradable sol y todo ello forma parte del camino que te espera al salir de tu cueva. En tu caso, yo veo que la vida ya te está empujando a ello. Yo creo mucho en el hecho de que la vida otorga a cada uno justo lo que necesita sostener en cada momento y a ti te veo con los recursos necesarios para poder salir al mundo sin que ello te lastime».

❀

Confía en tus recursos y vive desde la certeza de estar siendo guiada y sostenida por la vida a cada paso. ¿De qué te sirve preocuparte ahora por lo que pueda ocurrir de aquí a un tiempo?

❀

«Y si viene la tormenta, ya nos ocuparemos de ello en su momento justo y trataremos de encontrar aquellos recursos que te ayuden a levantarte y a seguir hacia delante. Así que, mientras tanto, aprendamos a cuidar de tu mente para que deje de molestarte».

Muchas veces, tenemos que recorrer un camino para el que no nos sentimos preparadas. Es posible que aparezcan por tu

Confía.
No necesitas sostener con miedo
lo que la propia vida te dio
con amor.

mente pensamientos automáticos del tipo: «Aún no soy suficiente», «Aún no estoy lista», «Aún me falta mucho». Sin embargo, nos podemos encontrar con que ese camino sí que está listo para nosotras, pero necesitamos salir de la zona de confort que hemos construido.

Tal y como contaba Khalil Gibran, el río tiembla de miedo antes de llegar al mar; dejar atrás todo el camino que ha recorrido, todas las montañas y pueblos que conoce, da mucho miedo si lo comparamos con entrar en el océano al que se acerca... Cuando lo haga, ¡desaparecerá para siempre! Pero la realidad es que no tiene opción: el río no puede volver, igual que nosotros no podemos volver. Debemos aceptar la naturaleza de la existencia y aceptar que solamente podemos avanzar. Solo así el río descubrirá que entrar en el océano no lo hace desaparecer, sino convertirse en él.

Es incómodo crecer, pero la incomodidad y el crecimiento son inherentes a la naturaleza de la vida, de la cual formamos parte. Lo único que trae intentar resistirse a ello es aún más sufrimiento.

Comenzar a hacer lo que me daba miedo que me doliera y decidir sumergirme en ello es una de las cosas más liberadoras que he hecho en mi vida.

♥ ¿Miedo al juicio y miedo a lo que los demás piensen de ti?

Pues deja que te juzguen. Deja que digan lo que quieran. Mientras más te conozcas a ti misma y más te comprendas, menos serás tú quien te juzgues a ti misma y menos caso harás al juicio externo.

♥ ¿Miedo a equivocarte?

Permítete el error, que en realidad es aprendizaje.

♥ ¿Miedo al rechazo?

Entonces me expongo a situaciones en las que haya muchas posibilidades de que vayan a rechazarme para al final darme cuenta de que quizá no era tan terrible como yo creía.

♥ ¿Miedo a la soledad?

Aprender a estar sola te enseña algo muy valioso, que tú también tienes la capacidad de amarte. Porque cuando estás cómoda sola, aprendes a no conformarte con menos de lo que vales, no negocias tus valores y te vuelves mucho más exigente.

¿Qué miedo te hizo valiente? ¿Qué miedo te hizo resiliente? Los seres humanos llamamos resiliencia a la capacidad que tenemos para salir reforzados de situaciones que resultan ser adversas o, como diría el psiquiatra Boris Cyrulnik: «La resiliencia es el arte de navegar en los torrentes, el arte de metamorfosear el dolor para darle sentido; la capacidad de ser feliz incluso cuando tienes heridas en el alma».

Si echas la mirada hacia atrás, estoy segura de que puedes identificar momentos de tu vida que pudieron ser difíciles, pero la adversidad nos transforma.

Aprender a ser libre conlleva su dosis de incomodidad. Aprender a no huir de tus miedos será el precio que te tocará pagar por tu libertad. El objetivo, por lo tanto, no es que el miedo desaparezca de tu vida, sino que puedas aprender a reconocer y a conectar con los recursos que tienes dentro de ti. Así serás capaz de ponerlos a tu servicio cuando la vida no te lo ponga fácil. Vamos a verlo con unos ejemplos:

♥ Recuerda las veces en las que superaste miedos y dificultades que te hicieron valiente en tu vida por medio de tu creatividad e ingenio. Te animo a que hagas una lista con todas las veces en tu vida que superaste obstáculos. Anota la situación y, a continuación, todos aquellos recursos que utilizaste para poder hacer frente a esos problemas.

♥ Aprende a validar tu miedo. El miedo, como cualquier otra emoción, necesita ser reconocido y escuchado. Quédate ahí con ese miedo y pregúntate: «¿Qué crees que te está intentando comunicar?».

♥ Elige hablarte con amor y fomenta un diálogo interior compasivo, sin control ni exigencia.

♥ Toma consciencia de tu forma de pensar y aprende a relativizar. Puedes aprovechar para hacerte algunas preguntas: «Aunque esto pasara de verdad, ¿qué es lo peor que podría ocurrirme? ¿De verdad es tan grave? ¿Podría elegir vivirlo de otra forma diferente? ¿Conozco a alguien que haya pasado por una situación parecida y haya podido salir reforzado de ella?».

♥ Busca ayuda o apoyo de tu familia, de tus amigos o de cualquier profesional que pueda acompañarte.

♥ Sobre todo, hazte el regalo de confiar en ti y en la vida. Hazte el regalo de decir sí a todo lo que eres y todo lo que has venido a entregar de ti y a aprender de este mundo.

✧

*«Me di cuenta, a pesar de todo,
de que en medio del invierno había dentro
de mí un verano invencible. Y eso me hace feliz.
Porque no importa lo duro que el mundo empuje
en mi contra, dentro de mí hay algo
mejor empujando de vuelta».*

ALBERT CAMUS

✧

Honra tus pérdidas: la tristeza

Hay días y momentos en que la tristeza asola nuestras vidas. Por lo general, la tristeza aparece ante momentos de pérdida o de falta de aceptación sobre ciertas situaciones que acontecen en nuestra vida. La tristeza cumple con una función social. Si no la experimentásemos cuando perdemos a personas o situaciones, sería bastante difícil poder mantener vínculos afectivos con otros seres o con otras cosas que resultan trascendentales para nuestro crecimiento y supervivencia. Cuando estamos tristes, es importante poder permitirnos recibir apoyo social y respeto hacia nuestros ritmos personales para poder asimilar la pérdida.

Como dice la psiquiatra Anabel Gonzalez, «la tristeza funciona como un río que, sin que nadie lo dirija, sabe llegar al mar.

Pero los seres humanos intervenimos, levantamos diques y canales, y hacemos más probable que un caudal aumentado por las lluvias pueda acabar desbordándose y arrasando con todo a su paso. De nada sirve que se cierren las compuertas de los embalses para evitar el desbordamiento: con esto solo se complica aún más la situación. Se acumula tal cantidad de agua que cuando al final la presa revienta, el efecto será todavía más destructivo».

A veces, cuando el mundo te dice que aceleres, aparece la tristeza para decirte que vayas despacio y que te escuches. Cuando estás triste, seguro que has notado que tu energía es más débil y, sin embargo, si aprendes a escucharla y a cuidarla, la tristeza jamás podrá dañar a tu corazón. Los seres humanos muchas veces tendemos a juzgar a la tristeza, por eso intentamos bloquearla en muchas ocasiones. Solemos optar por enterrarla y en ese proceso, no dejamos que como el río, fluya y sea liberada.

Si hablamos del sentimiento de tristeza, es inevitable que hablemos del llanto que a veces esta emoción nos trae. Solemos huir de las lágrimas por miedo a mostrarnos vulnerables.

Cuánta medicina contienen las lágrimas.

Qué sanador es permitirnos llorar para sentir paz y poder desnudarnos de todas aquellas capas y máscaras de las cuales nos vamos vistiendo a lo largo de la vida.

Sentir nos humaniza y llorar nos ayuda a abrir el corazón y a limpiar el alma.

Y si la lluvia puede hacer crecer campos y bosques enteros sin que sea juzgada, ¿por qué no aceptar que las lágrimas son necesarias para agradecer y limpiar lo que ya fue y abrazar así a lo que hoy es?

Cuando sientas dolor o tristeza
y sientas que las lágrimas te
inundan, llora, llora y llora.

Se le atribuye a Jacques Lacan la frase: «Uno solo llora a aquellos gracias a quien se es».

La vida de todos los seres humanos en este mundo está llena de personas, vínculos, seres y situaciones a las que hemos tenido que aprender a dejar ir. Las experiencias más dolorosas para mí han sido siempre las que tienen que ver con aquellas relaciones afectivas de cualquier tipo que hacen que tu corazón se quiebre en mil pedacitos. Personas que se alejan de tu vida sin que sepas por qué, o que no se encuentran disponibles emocionalmente, que tienen dificultades para abrir su corazón a la ternura y al amor, pero también seres a quienes la vida les ha llamado a abandonar este plano físico a través de la muerte y, muchas veces desde la mirada de mi propio ego, de manera injusta. Quizá sin ellos no sabría lo que ahora sé, no conocería lo que ahora conozco ni soñaría con lo que ahora sueño. Pase lo que pase, todo lo vivido en esos vínculos permanecerá en mí por siempre.

Jorge Bucay decía: «Siempre que lloro por una pérdida, sea la que sea, lloro por perder aquello que amo y eso ha sido determinante en que yo sea quien hoy soy. El dolor de la pérdida es por la despedida de aquello (persona, ser, cosa, situación o vínculo) gracias a quienes de alguna manera soy y cuando yo me doy cuenta de todo lo que ese ser me dio, cuando me doy cuenta de que puedo tener dentro de mí lo que esa persona o ser dejó en mí, es una manera de tener al ser conmigo».

¿Para siempre?

Para siempre.

Entonces ¿se supera?

Se supera, pero no se olvida.

«El amor no muere, tan solo se transforma», escuché decir una vez. El camino se encuentra en aprender a amar en todas sus formas. Y así lo creo: todo lo que la vida te quita, ella misma lo reemplaza, pero de otras infinitas formas sin que ese amor desaparezca por completo.

❖

Sanar no es destruir, sino construir desde el dolor, por eso nadie puede decirte cuándo algo tiene que dejar de dolerte.

❖

Así que no reprimas nada, solo deja que te duela tanto como la importancia que esa cosa, situación, ser o persona tuvo para ti. El dolor tan grande que sientes es equivalente al amor tan grande que has sentido y que aún sientes. El dolor existe porque existió el amor y en esta vida no puede haber uno sin el otro.

Esto me recuerda a una pequeña historia. La contaba Dora Diamant, la última mujer de Franz Kafka, y Jordi Sierra i Fabra escribió también un libro sobre ella: *Kafka y la muñeca viajera*. Te hago un breve resumen para que entiendas a lo que me refiero:

A los cuarenta años, Franz Kafka, que nunca se casó ni tuvo hijos, paseaba por el parque, en Berlín, cuando conoció a una niña que lloraba porque había perdido su muñeca favorita. Ambos buscaron la muñeca sin éxito. Kafka le dijo que se reuniera con él al día siguiente y volverían a buscarla.

Al día siguiente, cuando todavía no habían encontrado la muñeca, Kafka le dio a la niña una carta «escrita» por la muñeca

El dolor es en realidad solo amor.
Es todo el amor que quieres dar,
pero no puedes.
El dolor es tan solo el amor, que no
tiene ya un lugar adonde ir.

que decía: «Por favor, no llores. Hice un viaje para ver el mundo, te escribiré sobre mis aventuras».

Así comenzó una historia que continúa hasta el final de la vida de Kafka.

En sus encuentros, Kafka le leía las cartas de su muñeca cuidadosamente escritas con aventuras y conversaciones que la niña consideraba adorables. Al final, Kafka le trajo la muñeca (compró una) que había vuelto a Berlín.

«No se parece en absoluto a mi muñeca», dijo la niña.

Kafka le entregó otra carta en la que la muñeca escribía: «Mis viajes me cambiaron».

La niña besó a la nueva muñeca y se la llevó feliz a casa.

Un año después, Kafka murió.

Varios años más tarde, la niña adulta encontró una carta en la muñeca. En la pequeña carta firmada por Kafka decía:

«Todo lo que amas probablemente se perderá, pero al final el amor volverá de otra manera».

Te muestro a continuación algunos pasos que a mí me han ayudado a cuidar de un corazón roto y también de mí misma en mis momentos de mayor tristeza:

- ♥ Acepta que tu corazón está roto y, a la vez, confía en que se puede sanar de nuevo.
- ♥ Siente el dolor. Si quieres llorar, llora; si quieres gritar, grita; pero tienes que sentir el dolor y no huir de ello. Tienes que tener tu proceso de duelo y aceptar que te duele que esa persona se haya ido de tu vida. Para sanar hay que sentir. Para facilitarte el proceso, un ejercicio terapéutico muy bueno para esto es escribir una carta

de despedida y dependiendo del tipo de duelo que estés atravesando, puedes quedártela, romperla o quemarla (todo de acuerdo a lo que tú sientas).

♥ Aprende a identificar qué cosas te alivian cuando te sientes triste e incluso quizá puedes probar a descubrir hobbies nuevos: elaborar postres o comidas ricas, desarrollar algún tipo de actividad creativa, escribir, pintar, hacer cerámica.

♥ Aprende a conectar con tu propósito en la vida para que pueda llenarte de fuerza y esperanza.

♥ Pasa tiempo en la naturaleza.

♥ Si puedes permitírtelo, planea algún viaje o retiro espiritual donde puedas conectar con otras personas que estén atravesando también procesos difíciles de pérdida.

♥ Rodéate de gente que te quiera, que te escuche y que valide cómo te sientes.

Cuando la tristeza aparezca, ten en cuenta que tu naturaleza también es cíclica: «No podemos esperar que siempre sea primavera». Mereces cuidarte y aprender a quedarte contigo en todas tus fases. Recuerda, pase lo que pase, siempre hay luz en ti.

«Y que la belleza de las flores
nos recuerde lo necesaria que es la lluvia».

XAN OKU

5

¿QUIÉN ERES EN REALIDAD?

Vivimos tan ocupadas en nuestro día a día que quizá se hace raro reflexionar acerca de quiénes somos. Dedicamos mucho tiempo a pensar en lo que tenemos y lo que nos falta, en lo que hacemos y producimos. Formamos parte de una sociedad centrada mucho más en el tener que en el ser. Nos educan sobre todo bajo la creencia de que nuestro auténtico valor como seres humanos reside en lo que hacemos, en nuestra productividad, en lo que tenemos, en nuestras posesiones e incluso en nuestra reputación basada en las opiniones ajenas.

Por eso, si en algún momento de tu vida han surgido en tu mente frases y preguntas del tipo: qué soy, de dónde vengo, a dónde voy, qué valor tiene lo que hago…, ha sido porque algo en nuestra vida ha empezado a carecer de sentido. Es posible que una parte del traje desde el cual ibas viviendo tu vida se te haya quedado corto. Puede que incluso sientas un vacío que no te permite ser feliz.

Por eso me gustaría que respondieras a estas preguntas: ¿Quién eres? ¿Cuáles son tus sueños, tus dones, tus talentos? ¿Qué es aquello que te hace feliz?

¿Qué parte de todo eso que contestarías es de verdad tuya y, por lo tanto, auténtica, y qué parte resulta ser condicionada por todo aquello que tu entorno social espera de ti o te ha hecho creer que era lo mejor para ser feliz?

Puede ser que por un lado te quedes completamente en blanco y no sepas qué responder o puede ser que estas preguntas no te hayan pillado de improviso y sí que tengas algunas respuestas preparadas para ello, pero ¿te has preguntado alguna vez si la vida que llevas es la que quieres llevar? ¿O es la que tu madre quiere que lleves? ¿O la que tu padre hubiera querido tener?

Muchas veces no somos conscientes de la cantidad de mentiras que nos contamos y de los sueños e ilusiones por los cuales apostamos que ni siquiera son nuestros. Básicamente porque en realidad no sabemos quiénes somos, cuáles son nuestros verdaderos valores, qué nos gusta hacer o qué nos hace felices.

Conocerme a mí misma no fue un camino fácil al principio. En mi caso, de esa crisis salieron dos cosas que han transformado mi vida por completo: comenzar a escribir y grabar contenido sobre desarrollo personal en las redes sociales junto con mis estudios en psicología y mi trabajo complementario como terapeuta humanista.

Durante muchos años me dediqué a escapar de la sabiduría que albergaba el corazón. No le prestaba atención y por eso no sabía cómo podía cuidarme o darme aquello que tanto necesitaba porque solo me dedicaba a vivir mi vida de puertas para fuera.

Cuando era más pequeña, sentía que había algo mal dentro de mí porque varias de las personas de mi entorno solían salir bastante de botellón, fumaban, tomaban alcohol y parecían disfrutar de los líos amorosos de una noche, como suele ser típico de la época adolescente. A mí, sin embargo, muchas veces no me apetecía ir a ciertos eventos para únicamente fumar y beber alcohol... Además, cuando me encontraba rodeada de un grupo grande, solía sentir bastante incomodidad, hasta que llegaba un punto en el que necesitaba irme y estar sola. Con el paso del tiempo y mis dosis de terapia personal, ya que dejar pasar el tiempo sin una intención de transformación interior en realidad no soluciona nada, pude aprender a cuestionar mis pensamientos y ver que lo que todo el mundo etiqueta como «raro» o «normal» suele variar mucho dependiendo de los ojos de quien mire.

Quiero que entiendas que en el fondo es lógico que sintamos que somos personas raras, porque hacemos o nos apetece hacer cosas que al parecer no les gustan a todos. Lo que me encantaría transmitirte con esto es que quizá no haya nunca nada malo en ti por tener gustos o comportamientos que no encajen dentro de lo que se considera normativo. Me gustaría que entendieras que cada uno de nosotros es único, con nuestras particularidades, nuestros gustos y nuestros deseos; y que estos no sean los de la mayoría de la gente no significa que haya nada de malo en ellos.

Como terapeuta, me he dado cuenta de que existen muchas personas que deciden desconectarse de ellas mismas, de sus preferencias, valores y necesidades reales para intentar encajar en algún lugar donde puedan sentirse queridas y aceptadas, aunque no sea por quienes en verdad ellas son. En varias ocasiones, esta aprobación viene motivada por un anhelo de perfeccionismo basado en requisitos imprescindibles para obtenerla: «Hasta que no pueda tener pareja, no seré suficiente», «Hasta que no trabaje en lo que me gusta, no seré suficiente», «Hasta que no adelgace cinco kilos, mi cuerpo no será válido», «Hasta que no termine este máster y haga tropecientos mil cursos, no valdré lo suficiente»... ¿Te resultan familiares algunas de estas frases?

En una cultura que gira en torno al
deseo de perfección, no hay nada mejor
que tener el coraje de conocerte
para poder comprenderte
y aceptarte tal cual eres.

Trátate con compasión, aprende a reafirmarte desde la idea de que ya eres totalmente válida y suficiente. Desde ahí, conseguirás elevar tu autoestima y amor propio para poder llegar a vivir una vida de todo corazón.

❦

Abraza la idea de que ya eres suficiente.

❦

Si te identificas con todo o con parte de lo que hemos comentado antes, voy a invitarte a que puedas pararte y reflexionar sobre la siguiente propuesta que te hago:

♥ En primer lugar, conoce tu historia personal, tu línea de vida. Explora qué sucedió y qué creencias interiorizaste basándote en tu interpretación de lo que sucedió. Recuerda: reconocer tu historia personal puede ser difícil para ti a corto plazo, pero si en vez de huir de ella cultivas el coraje de poder aprender a mirarla con ojos compasivos, a largo plazo te prometo que supondrá un alivio para tu idea de perfeccionismo constante.

♥ Pregúntate: ¿Cuándo empezaste a creer esto acerca de ti misma? ¿Dónde lo aprendiste? ¿Qué sucedió?

♥ Hazte consciente, en tu día a día, de los momentos en los que sientes que te falta valor personal: ¿En qué situaciones lo sientes? ¿Cómo se siente en tu cuerpo? ¿Qué emociones se te despiertan?

♥ Elige quedarte en presencia y dar la bienvenida a todas aquellas partes de ti que no se sientan válidas ni suficientes. No tienes por qué amarlas de momento, tan solo aceptar que están ahí, contigo, mientras que encuentras la forma de poder acompañarlas de manera compasiva.

Escucha a tu corazón

Te aseguro que tu vida cambia para mejor cuando tomas la decisión de elegir vivirla teniendo al corazón como guía. Que es lo mismo que vivir desde la valentía de presentar a nuestro yo auténtico al mundo, pero de manera consciente. Es decir, tratando de que tus conductas vayan en coherencia con tus valores personales.

Vives desde tu corazón:

♥ Cuando te permites escucharte, cuando sientes que algo no te hace bien y te permites irte de aquellos lugares en los cuales sientes que ya no encajas porque creciste y, en comparación con ellos, tú te hiciste grande.
♥ Cuando te comprometes a vivir tu vida reconociendo tu propia valía personal y tu poder.
♥ Cuando eres capaz de reconocer que eres un ser vulnerable, perfectamente imperfecta y, aun así, sentir que mereces sentirte querida y amada sin que se te exija tener que ser productiva en todas las áreas que conforman tu vida.

Junta tus manos frente a ti.
Una mano representa quién eres
en realidad. La otra representa quién
crees que deberías ser. ¿Cómo de lejos
están? La distancia entre tus manos equival
a tu sufrimiento. Si la elección que haces la
aleja, es miedo. Si las junta, libertad
y autenticidad.

♥ Cuando das más prioridad a hacerte visible en vez de a lo que otros opinen.

♥ Cuando te atreves a vivir la vida desde la belleza de tu diferencia.

♥ Cuando te permites ser quien eres en realidad y en ese proceso abres espacio para que lleguen las personas, situaciones y oportunidades que conectan con una forma de ver el mundo muy similar a la tuya. Esa es la magia de vivir de corazón, siempre te trae algo mejor, algo auténtico que te lleva a donde estás destinada a estar y con quien estás destinada a encontrarte.

♥ Cuando eliges ser fiel a tus deseos, a tus necesidades, a tus principios y a tus valores personales. Pregúntate a menudo: «¿Qué necesito? ¿Qué deseo? ¿De qué formas puedo ofrecerme aquello que necesito? ¿Siento que mi conducta es coherente con mis valores? Y si no es así: ¿Qué podría cambiar para ser más coherente conmigo misma?».

Cuando vives de todo corazón, permites que tu verdadero yo salga a la superficie; eres fiel a tu persona y abrazas todo lo que eres, piensas, quieres y necesitas, sin juzgarlo. Vivir de corazón es vivir plenamente desde tu yo más profundo y más real. Desde ahí se hace mucho más hermoso vivir tu vida, desde la tolerancia al «error» y a la imperfección.

Si tuviera que definir con mis propias palabras qué significa para mí vivir de todo corazón, diría que significa volver al encuentro de nuestra propia naturaleza. Para mí es justo ahí donde reside el verdadero valor de la autoestima que tantas veces queremos mejorar y trabajar a lo largo de nuestra vida.

El camino comienza siempre hacia
dentro, silenciando el ruido externo,
para conectar con la luz
de tu ser auténtico.

Tus valores: Los deseos más profundos de tu alma

En tu corazón se encuentran tus valores. ¿Eres el tipo de persona que te gustaría ser? ¿Estás orgullosa de ser quien eres? ¿Te apruebas tal y como eres? ¿En qué quieres que consista tu vida? ¿Qué tipo de relaciones te gustaría construir? Si no tuvieras miedo, ¿dónde te gustaría poner tu atención?

❖

Los valores son los deseos más profundos de tu alma.

❖

Unos principios que pueden guiarte a actuar de una manera en la cual puedas sentirte orgullosa de la persona que eres sin tener que arrepentirte por ello. ¿Alguna vez te has sentido sin salida frente a alguna situación en la vida? ¿Quizá un poco perdida? ¿Alguna vez te has visto entre la espada y la pared a la hora de tomar una decisión difícil?

Por ejemplo, imaginemos que en tu trabajo todos los días te hacen quedarte más tiempo de lo que estipula tu horario laboral, así que tú te sientes cansada, agotada y con un sentimiento de impotencia tremendo. Lo ideal sería que pudieras coger tus cosas al llegar la hora y marcharte, o que tal vez pudieras hablarlo con tu jefe para poder buscar alguna solución conjunta, siempre y cuando entre tus valores personales se encontrara el valor del autorrespeto. Lo que pasa es que para ti resultaría ser una situación incómoda porque no sabrías muy bien cómo se lo tomaría tu jefe. Además, seguramente intentarías evitar el conflicto a toda costa por miedo.

En este tipo de situaciones, lo mejor es comenzar a preguntarnos: «Si no tuviera miedo, ¿qué es lo que haría la persona que quiero ser en este momento? ¿Cómo actuaría una persona que camina por la vida desde el valor del autorrespeto?».

Es posible que al comienzo no te sea tan sencillo, ¿verdad? Pero detrás de la incomodidad, se encuentra siempre tu libertad y en eso consiste gran parte del camino de crecimiento personal. A medida que vayas exponiéndote de manera gradual a la incomodidad, podrás darte cuenta de que tu cuerpo acaba sintiéndose mucho más relajado y menos incómodo frente a este tipo de situaciones. Es cuestión de práctica.

Recuerda que a veces lo que nos toca hacer es justo eso que nos da miedo, y es que detrás de atreverse a dar espacio al miedo, se halla el encuentro con la que eres de verdad. Ya sabes, poder vivir desde el corazón y dejar que sea él quien te guíe hacia tu propia realización y crecimiento.

Si por no atravesar la incomodidad que te supone vivir de acuerdo con tu corazón y tus valores eliges huir como forma de evitar el conflicto, será muy difícil que puedas abrazar el regalo de tu autenticidad. En consecuencia, será complicado que puedas cultivar una buena autoestima.

Ante la incomodidad, tener claros
nuestros valores y tratar de actuar
de acuerdo con ellos nos puede
llenar de confianza.

La siguiente historia tiene que ver de nuevo con mi viaje a Irlanda y mi experiencia trabajando allí en una guardería. De verdad que no podía entender que muchas veces se utilizaban las consecuencias disfrazadas de castigos cuando algún niño no se comportaba de la forma que el profesor más deseaba. Cuando hablo de profesor, me refiero al profesor jefe que había en cada clase o *team leader* como allí nos hacían llamarle. Porque al final él era quien ponía las normas de la clase, tanto para los niños como para los demás profesores.

Justo en una de las clases en las cuales yo estaba como profesora, había un *team leader* que empleaba un estilo de educación bastante tradicional y autoritario, muy chapado a la antigua, vaya. Muchas veces él y yo chocábamos bastante debido a la gran diferencia de valores que ambos teníamos. Por ejemplo, había ocasiones en que sentía muchísimo malestar cuando veía que le gritaba a un niño o cuando otras incluía palabras despectivas en su comunicación con ellos.

Tal era la incomodidad que yo sentía al principio por cómo veía que los niños vivían esa situación que estuve pensando en irme de allí y buscar la forma de poder cambiarme de clase. De hecho, acabé comunicándoselo a la directora de la guardería, que me propuso permanecer allí solo una semana hasta que pudieran encontrar a alguien que pudiera sustituirme. Sin embargo, acabé haciéndome una pregunta: «¿Estas decisiones las estoy tomando por no enfrentarme a la incomodidad?». Me di cuenta de mi tendencia a huir del malestar. Por eso, aunque permanecer allí durante una semana fue para mí bastante difícil de llevar, pude conseguir tolerarlo sin que la situación me sobrepasara por completo haciendo uso de mis propios valores personales. Por ejemplo, si para mí un valor importante era el cariño, decidí centrarme en acompañar a los niños desde el cariño haciendo mi parte y no fijarme tanto en cómo actuaba esta persona con ellos.

He de decir que al final me llevé un gran aprendizaje de esa experiencia.

⟡

Aprendí que refugiarnos en nuestros
valores como guías para vivir una vida
de todo corazón puede resultarnos
de gran ayuda.

⟡

Ya lo decía Victor Frankl: «Al hombre se le puede arrebatar todo salvo una cosa: la última de las libertades humanas, la elección de la actitud personal ante un conjunto de circunstancias para decidir su propio camino».

⟡

«Aquel que tiene un porqué
para vivir, puede soportar casi
cualquier cómo».

FRIEDRICH NIETZSCHE

⟡

Cuando te das cuenta de lo que es valioso para ti, puedes comenzar a construir una vida con sentido. No se trata de ponerse metas u objetivos, como pueden ser poder encontrar el trabajo de tus sueños, ser rico, hacer amigos o llegar a ser feliz. Sino que de lo que de hecho se trata es de sentir cómo quieres tratarte a ti misma, a otras personas y al mundo que te rodea. También de comenzar a actuar en la vida conforme a ello para poder llegar a ser el tipo de persona que, en realidad, deseas ser y así poder sentirte orgullosa de ti misma.

Te voy a invitar a que pares durante unos minutos para que puedas pensar tranquila en las preguntas que te propongo a continuación. Con estas, podremos trazar juntas un *planning* que te sirva de inspiración a la hora de poder comenzar a conectar con quien deseas ser en tu vida.

Ser quien en verdad deseo ser.
¿Me atrevo a escuchar
a mi corazón?

♥ Si pudieras cambiar todo lo que eres, ¿qué no te gustaría cambiar? ¿Qué características te gustaría conservar contigo?

♥ ¿Qué es importante para ti en tu vida?

♥ ¿Qué valores crees que guían tu corazón?

♥ Si llegara el momento de marcharte de este mundo, ¿cómo te gustaría que los demás te recordasen? ¿Por qué tipo de persona? ¿Qué te gustaría que pensaran de ti acerca de cómo viviste tu vida?

♥ ¿Te atreverías a hacer una descripción de ti misma en este momento? Y una vez que la tengas, ¿podrías a continuación definir el tipo de persona que te encantaría llegar a ser? Cuando tengas terminadas ambas definiciones, pregúntate cómo podrías conectar con esa persona que quieres ser y qué puedes hacer en tu día a día para poder acercarte más a ser como ella.

Confía en tus instintos. Eres el artista de tu propia vida, no le des el pincel a nadie más.

Saluda a todos los yoes que viven en ti

Cuanto más me conozco, menos me juzgo y, en ese proceso, les permito a todas las versiones que hay dentro de mí poder coexistir.

¿Te has preguntado cuántas versiones de ti existen en la mente de la gente? Para algunas personas quizá serás una incomprendida, otros tal vez pueden verte como la chica tímida que no habla o como una chica orgullosa y otros, sin embargo, como una persona amable que es buena amiga.

177

Muchas veces confundimos la autenticidad con algo lineal y estático, pero la práctica de la autenticidad consiste más en dejarnos ver tal y como somos, con nuestras diferentes versiones que en esconder o no mostrar al mundo quienes de verdad somos. Eso sí, llevando responsabilidad y consciencia a cada una de esas partes al mismo tiempo.

Te cuento que dentro del apasionante mundo de la psicología existen varios enfoques terapéuticos diferentes que se encargan de acompañar a las personas en sus propios procesos personales. Uno de ellos se corresponde con el modelo de sistemas de la familia interna (IFS, según las siglas en inglés). Desde este enfoque, nuestra personalidad está formada por muchas partes. Son como diferentes personas que habitan dentro de nosotras y que se van creando a partir de las vivencias a lo largo de nuestra vida. Cada una tiene sus propios pensamientos, puntos de vista, sensaciones físicas, emociones, recuerdos, impulsos e incluso roles. Muchas veces escuchamos hablar de la identidad y del ser humano como una única entidad, sin complejidad ni contradicciones. Pero es un error simplista reducir nuestro interior a solo eso.

El IFS es un modelo no patologizante, ya que intenta acercarse y comprender hasta las partes más dolorosas de nuestro ser sin etiquetarlas como «malas». Así, el IFS nos permite conocernos y comprender nuestra complejidad humana. Las investigaciones del creador de este método, el doctor Richard Schwartz, ponen en entredicho la mente única. «Todos nacemos con muchas submentes o partes. Estas partes no son imaginarias o simbólicas. Son individuos que existen como una familia interna dentro de nosotros, y la clave de la salud y la felicidad es honrar, comprender y amar cada parte para a la vez aprender a tomar decisiones que nos acerquen más a conquistar la libertad que produce la interacción con las energías de nuestra esencia (el *self*)». Este *self* se caracteriza por ocho cualidades, conocidas como las 8 C: curiosidad, coraje, conexión, calma, compasión, confianza, claridad y creatividad.

Todo el mundo puede acceder a estas cualidades. Aunque a veces podemos sentir que no están presentes en nosotras, en realidad, siempre es posible conectar con ellas. Por ejemplo, para hacerlo más fácil de entender, podemos comparar estas cualidades con el propio sol: puede que muchas veces no se vea a lo largo del día debido a que el cielo se nuble, pero eso no significa que no esté ahí. Lo mismo ocurre con todas esas cualidades que viven de manera innata en tu interior.

Ahora, imagina que tenemos una casa en nuestro interior donde viven de alquiler todos nuestros yoes o todas las versiones diferentes que forman parte de nosotras. Esta casa pertenece a la adulta que es la que encarna esas ocho cualidades que hemos visto antes. Cada vez que decide salir de la casa a darse una vuelta, alguno de esos yoes toma el mando de la casa, la desordena, pone todo patas arriba… Cuando la adulta está en el hogar, todo está limpio, los inquilinos están relajados y tranquilos porque se sienten seguros con ella. Cuando en determinadas situaciones o momentos vitales uno de estos yoes o inquilinos adquiere más protagonismo en nuestra vida, aparece la ansiedad, el miedo, la depresión, etc.

Algunos de estos yoes son muy sensibles, por eso guardan el dolor de las heridas de la infancia. Otros pueden ser bastante reactivos y, en consecuencia, impulsivos, mientras que otros pueden ser muy productivos y llegar a buscar seguridad a través del control y el perfeccionismo. Puede ser que haya en ti una parte espontánea y muy disfrutona, que se ríe y se mueve por el mundo como si fuera una niña pequeña cuando su parte más perfeccionista no se siente juzgada por ello. O también puede ser que haya dentro de ti un yo que se asusta cada vez que tiene que poner límites por miedo al conflicto. Además, no nos comportamos de la misma forma cuando estamos frente a un amigo íntimo que cuando estamos en la consulta del médico, lo cual no significa que no estemos siendo nosotras mismas en cada contexto.

Todas esas partes forman mi propio yo auténtico:

- ♥ Soy quien alza la voz por las injusticias y pone límites, pero también soy quien odia los conflictos y se aísla en la soledad de su silencio.
- ♥ Puedo ser muy cabezona y a la vez bastante comprensiva.
- ♥ Soy la que no le da importancia a nada, pero también soy quien se toma en serio las faltas de respeto.
- ♥ Soy quien tiene miedo al cambio y soy a quien la incertidumbre le bloquea, pero también soy quien decide transitarla y afrontarla.
- ♥ Soy la que piensa antes de hablar y espera el momento oportuno para ello, pero también soy quien a veces mete la pata hablando de más.
- ♥ Soy quien baila en algunas ocasiones canciones de reguetón y a la vez quien escucha música zen y de meditación.
- ♥ Soy quien en algunas ocasiones sale a un bar con sus amigos a tomarse unas copas y a la vez quien ama irse de retiros.

♥ Soy quien a veces se autocastiga porque las cosas no salen como ella espera y, al mismo tiempo, soy auto-compasiva.

♥ Soy la que tiene miedo al rechazo y al abandono, la que tiene apegos y dependencias a nivel emocional, pero al mismo tiempo quien evita tener intimidad emocional.

♥ Soy confiada y en ocasiones insegura.

♥ Soy aplicada y al mismo tiempo descuidada.

♥ Soy un desorden con patas, pero también responsable.

Todas esas partes son mías. Cualquier cosa que creas de mí, es verdad. Pero ¿sabes qué es también verdad? Lo contrario. Como ves, soy una contradicción andante, al igual que tú, y me siento auténtica en cada una de esas partes. Lo que quieras creer, lo soy y lo que no, también. Me encuentro en constante cambio. Siempre soy yo en todas estas situaciones bailando entre un mar lleno de infinitas posibilidades. Pero poder reconocer y celebrar todas mis versiones, honrar a las que he sido y permitirme darle espacio a aquellas que seré, acaba llenando de paz mi corazón y mi vida.

Por esto, aunque pueda llegar a chocarte, he de decirte que en realidad no existen partes malas, ni yoes malos que merezcan ser rechazados. Luchar contra ellos a largo plazo lo único que hace es generar mayor malestar y sufrimiento.

6

VULNERABILIDAD: EL PORTAL HACIA LA CONEXIÓN AUTÉNTICA CON LOS DEMÁS

Considero fundamental hablar sobre cómo la capacidad de mostrarnos vulnerables resulta ser la gran clave para poder tener relaciones auténticas con aquellas personas con las que nos cruzamos en la vida. Tanto es así que he decidido que en este apartado voy a contarte brevemente cómo la posibilidad de mostrarme vulnerable en algunas ocasiones me ha dado el empujón necesario para ser mucho más libre y auténtica con muchos de mis vínculos afectivos.

Verás, en estos últimos meses y a través de mi actividad en las redes sociales, he llegado a la conclusión de que en realidad los seres humanos estamos hambrientos de autenticidad. Sin embargo, a muchos aún les cuesta bastante reconocer esto último, básicamente por miedo a mostrarse vulnerables, imperfectos o inseguros. Más allá de todo ello, ocurre que muchas veces tenemos la mala costumbre de idealizar a las personas con las cuales nos vamos encontrando. Atribuimos a alguien un grado de perfección del todo irreal e inhumano, como si esa persona fuera un dios o una diosa y nosotras no tuviéramos su mismo valor. De hecho, muchas veces no nos damos cuenta de que al idealizar también nos quitamos valor a nosotras mismas con tal de otorgárselo a la persona que estamos idealizando.

Te voy a contar una experiencia un tanto íntima. Durante este año en el que me he mostrado mucho más en las redes sociales, tengo que reconocer que muchas veces me he sentido bastante atrapada por el nivel de perfeccionismo e idealización que estaba intentando cargarme a la espalda. Incluso llegué a un punto en donde me daba miedo compartir en las redes que, aunque era terapeuta, yo también tenía una parte humana que no estaba del todo resuelta. Tenía miedo de que eso supusiera que otros pensaran que no podía ser una buena profesional por tener traumas y heridas sin curar del todo en mi vida. ¿Cómo iba a desnudarme emocionalmente si se supone que socialmente hemos sido educados con la creencia de que un terapeuta es quien siempre ayuda y tiene respuestas y soluciones frente a todo y para todos?

Como es evidente, la ansiedad acabó apareciendo en mi vida fruto de la incoherencia entre quien era en realidad y lo que de veras estaba aparentando ser. Tengo heridas, como todos, que siguen abiertas y, aunque pueda disponer de herramientas para poder abrazarlas, otras veces me pierdo y no encuentro la brújula que me ayude a seguir el rumbo. Sin embargo, ha sido en este camino donde de verdad me he dado cuenta de lo poderoso y sanador que es cuando decidimos compartir nuestra verdad con el mundo. Los seres humanos nos sentimos más conectados a las personas que se muestran al mundo desde su «imperfección». Las personas tenemos hambre de autenticidad, porque cuando uno muestra quién es en realidad y apuesta por desnudarse a nivel emocional, te está invitando indirectamente a que también lo hagas tú al mismo tiempo.

VULNERABILIDAD: EL PORTAL HACIA LA CONEXIÓN AUTÉNTICA CON
LOS DEMÁS

La vulnerabilidad ha sido en varias ocasiones malinterpreta-
da como un signo de debilidad cuando en efecto viene a ser justo lo contrario. La vulnerabilidad implica coraje. De hecho, si
analizamos la palabra coraje, podemos observar que viene de la
palabra *cor*, que significa «corazón» en latín. Tener coraje no es
no tener miedo, sino tener la valentía de transitar ese miedo y
aun así actuar con el corazón.

Vulnerabilidad no es debilidad.

*Vulnerabilidad es tener el coraje de permitirnos desnudarnos
de máscaras y corazas que nos hemos creado para protegernos de
la influencia de la superficialidad del mundo y, así, permitirnos
brillar desde la autenticidad, con compasión y humildad.*

*Tenemos derecho a brillar y también a mostrar nuestra
oscuridad sin ser avergonzados por demostrarle al mundo lo
que es en realidad ser humano.*

*Tenemos derecho a reconocer nuestra fragilidad y ser
acogidos y arropados con calor humano.*

*La vulnerabilidad representa la belleza de estar vivo, de
ser valiente, de ser fuerte y a la vez un ser sintiente.*

*Es amor y devoción, es permitirse vivir la vida con pa-
sión, sin pretender la perfección.*

Gracias vulnerabilidad por compartir tanta belleza.

Construye relaciones auténticas: Atrévete a ser para poder pertenecer

El sentido de pertenencia es innato a cada ser humano. Debemos sentir que pertenecemos a algo, a alguien, a algún lugar mayor que nosotras mismas.

Las almas fuertes de verdad
viven dentro de seres vulnerables
de verdad.

Pero no nos damos cuenta de que en realidad el verdadero
sentido de la pertenencia se encuentra en poder compartirnos al
mundo desde lo que somos sin tener que aparentar ser aquello
que no somos. Este valor solo puede ser cultivado cuando opta-
mos por mostrarnos vulnerables frente al otro con nuestras virtudes, con nuestra luz, pero también con todas aquellas sombras e imperfecciones de las que a veces huimos.

Una de las cosas más difíciles que encuentro en la vida es
aceptarnos tal como somos, con todas nuestras diferencias y
«rarezas», junto con todas nuestras partes «oscuras». Estas no
están ahí por casualidad, sino que cumplen una función de supervivencia, como ya analizaremos más adelante.

Reconozcámoslo, vivimos en un mundo en donde la diferencia y lo «raro» asustan. El miedo a la diferencia que proviene
de la sensación de no tenerlo todo bajo control es cada vez más
grande. Llegar a pensar que hay algo malo en nosotras por no
ser como los demás son, por no tener los mismos gustos ni actuar de la misma forma, es lo que justo nos da miedo. Cuando
en verdad es en lo diferente donde está la magia. Cada una de
nosotras tiene una esencia única y es valioso poder llegar a po-
nerla a nuestro servicio y al servicio del mundo.

Por ejemplo, desde hace un tiempo me he dado cuenta de
que soy una persona bastante sensible y es una parte de mí que
estoy aprendiendo a aceptar. De hecho, me atrevo a decir que si
estás leyendo esto es porque quizá tú también puedas llegar a
resonar o a encontrarte con partes de ti misma a través de las siguientes palabras. Te confieso que me he tirado casi toda mi
vida rechazando mi alta sensibilidad porque viví con la idea in-
teriorizada de que ser así era motivo de rechazo por parte de
otros.

Pero, gracias a poder recibir inspiración de otras personas con las cuales me he visto reflejada por medio de su valentía a la hora de poder compartir su mundo emocional conmigo, he podido por fin comprenderme y aprender a ver esto como una fortaleza al mismo tiempo.

«Qué belleza guardan aquellos que no encuentran su lugar entre tanta gente», se le atribuye a Alejandra Pizarnik y no puedo estar más de acuerdo. De hecho, frente a esto no puedo evitar no volver a mi infancia y acordarme del cuento del patito feo. ¿Te has sentido un patito feo en muchas ocasiones?

La psicóloga Kristin Neff afirma que «ser humano no se trata de ser de una manera particular, sino de ser como la vida te crea, con tus propias fortalezas y debilidades particulares, dones y desafíos, particularidades y rarezas».

He podido comprobar que, cuando alguno se atreve a dar el paso de exponerse a nivel emocional frente al otro, resulta mucho más fácil para esta otra persona sentirse segura a la hora de poder compartir gran parte de su historia personal contigo. Es como si esa persona pudiera darse el permiso y la seguridad para hacerlo a través de ti primero. Esta dinámica es una de las más útiles que encuentro a la hora de poder colaborar en la rotura de barreras y corazas emocionales que puedan estar impidiendo profundizar de una forma más íntima en cualquier vínculo.

Brené Brown, a quien ya he mencionado antes, decía «la verdadera pertenencia solo se produce cuando presentamos nuestro yo auténtico e imperfecto al mundo y, aun así, nos aceptan por lo que somos». Es así como nuestra sensación de pertenencia jamás puede ser mayor que nuestro nivel de autoaceptación.

Las personas anhelamos formar parte de conexiones reales con los demás, de corazón a corazón. Deseamos un lugar seguro en el que quedarnos y al que poder acudir siempre que lo necesitemos. Anhelamos sentir que pertenecemos a espacios en donde podamos ser nosotras mismas sin sentirnos juzgadas.

◈

«La pertenencia es la práctica espiritual que consiste en creer en ti mismo y en pertenecer a ti mismo tan profundamente que puedas compartir tu yo más auténtico con el mundo y describir lo que hay de sagrado tanto en formar parte de algo como en sostenerse solo en un territorio salvaje. La verdadera pertenencia no requiere que cambies lo que eres; requiere que seas lo que eres. Jamás podrás sentir una pertenencia auténtica, profunda y completa si intentas formar parte de algo sin ser tú mismo».

BRENÉ BROWN

◈

Aceptar nuestra vulnerabilidad nos lleva de manera inevitable a la apertura emocional por encima de todos esos muros y barreras que hemos construido en torno a aquello que simboliza lo más valioso para el ser humano: el amor y la necesidad de pertenencia. El amor es una necesidad intrínseca de todo ser. Estamos diseñados para amar y ser amados. El amor es el bálsamo que dota a la vida de sentido mientras que su ausencia en la vida la hace sentir vacía y carente de propósito. Sin embargo, el miedo a que nos vuelvan a herir muchas veces acaba haciéndose dueño de nuestros pasos. Evitamos la apertura emocional hacia otras personas y, en consecuencia, la posibilidad de cultivar la pertenencia por miedo a sentir emociones incómodas con las cuales no hemos aprendido a relacionarnos.

El amor implica arriesgarse a sentir y eso da lugar a que estemos expuestos a sentir el dolor cuando nos hacen daño.

Intimidad relacional: Con quién puedes ser vulnerable y con quién no

Estamos de acuerdo en que las relaciones afectivas son el reto personal y espiritual más intenso que tenemos por delante todos los seres humanos en la vida, ¿verdad? Todas nos equivocamos, todas herimos a quien nos quiere. En definitiva, todas tenemos la capacidad de hacer daño y, por esto, muchas veces tenemos miedo a que nos lastimen y a mostrarnos vulnerables. La vida no es un cuento de rosas sin espinas y, aun así, si queremos vivirla de manera plena, no podemos permitir que este miedo nos la apague por completo con cada uno de nuestros vínculos. En las relaciones nos dañamos, sí, pero también en ellas nos sanamos y no podemos pasarlo por alto.

Quizá si el miedo a exponerte a nivel emocional aparece en tu vida es porque has podido vivir situaciones en donde hubo algún tipo de daño, con personas que tal vez te hirieron y acabaron jugando con tus sentimientos. Por esto es normal que no con todo el mundo vayas a poder compartir todo de ti, mucho menos aquellas partes más vulnerables.

Para comprender bien esto es importante entender el concepto de «intimidad vincular». Hace referencia a la capacidad
que tenemos las personas para mostrarnos vulnerables y auténticas ante otra gente. La intimidad relacional es un fenómeno en
el que compartimos parte de nuestro mundo interno y de todo
lo que hay en nuestro corazón con el resto. Es decir, la intimidad en nuestras relaciones también se encuentra cuando el otro
habla de sus miedos, de sus heridas, de su pasado, del tipo de
relación que tiene con su familia, de sus necesidades, de sus mayores sueños, de sus carencias y virtudes, de sus inseguridades,
de lo que le ha hecho daño y, en definitiva, de lo que le hace sentirse vulnerable.

Me gusta entender la intimidad con las personas como el interior de una casa. Todo lo que somos vive ahí y, de la misma
forma que quizá no dejarías entrar a cualquiera en ciertas habitaciones de tu casa física, tampoco creo que hicieras lo mismo
con tu propio corazón, donde vive tu casa emocional. Pero para
saber a quién quieres abrirle tu corazón y, por lo tanto, dejarle
entrar en tu casa emocional y a quién no, es importante dedicar
un tiempo a conocer a la persona y a observar cómo te hace sentir cuando estés con ella. Es importante que puedas escucharte
a ti y a las reacciones de tu cuerpo. Darte cuenta de si tu cuerpo
se pone en alerta, de si ciertas emociones incómodas como la
ansiedad aparecen cuando estás enfrente de esa persona o de si,
por el contrario, te sientes en paz con su presencia.

Una vez dado este paso, podemos elegir el nivel de intimidad que queremos tener con cada persona con la que nos encon-
tremos en el camino, teniendo en cuenta que todo va a depender
del nivel de seguridad y confianza que tu cuerpo sienta frente a
ese alguien en cada momento. A mayor confianza y seguridad,

existirá una mayor sensación de intimidad y una mayor predisposición a dejar entrar a esa persona en tu vida. Lo mismo sucede al contrario en caso de que esa persona no nos transmita los niveles de seguridad y confianza que estemos necesitando. Además, en este tipo de situaciones en donde haya algún tipo de duda, es importante que puedas darte el permiso de apartarte para tomar perspectiva y así poder valorar si existe la posibilidad de que esa persona pueda hacerte al fin algún tipo de daño. Porque, cuando nos vinculamos íntimamente de modo inevitable nos exponemos a esa posibilidad. Y ahí es donde radica nuestra naturaleza vulnerable.

Pienso que es muy importante que, antes de decidir implicarnos a nivel íntimo con una persona, nos aseguremos de que esta sea una persona con un corazón lleno de valores nobles. Alguien que no busque cambiarnos a la primera de cambio, que acepte las partes más oscuras de nuestra historia, mientras que al mismo tiempo nosotras tratamos de hacer lo mismo con las suyas. Alguien que nos escuche y dé espacio a nuestras propias necesidades, que nos valide, que reconozca aquello que sentimos, tanto emociones como sentimientos, y que sepa acompañarlos en el proceso o al menos haga el esfuerzo. Alguien que se alegre de nuestros logros y que nos apoye en las buenas, pero también en las malas. Alguien que nos respete y que no trate de compararnos con otras personas. Alguien que, por supuesto, pueda permitirse equivocarse y cometer errores, pero que sobre todo muestre su lado empático y humano a lo largo de cada paso.

También ocurre que muchas veces debido a traumas y heridas que podemos traer de otras relaciones del pasado, nuestro cuerpo puede llegar a sentirse desprotegido y en alerta frente a algunas actitudes y comportamientos. En consecuencia, puede ser que esto provoque que se nos activen algunos mecanismos de defensa que no nos permitan cultivar intimidad emocional dentro de nuestros vínculos. Pero, si nos hemos tomado el tiempo de conocer a la persona que tenemos delante, con todo lo que es y con lo que demuestra con sus actos día a día, con sus principios y valores, nos será mucho más fácil poder sentir de corazón si esa persona puede convertirse en un lugar seguro para nosotras.

Te cuento que últimamente muchos llaman *red flags* o banderas rojas a todas estas señales que nos indican que ciertas cualidades o comportamientos de una persona pueden llegar a ser dañinos para nosotras. Por ejemplo, te indico algunas señales que en mi caso me hacen sentir insegura en cualquier relación por si también pudieran resonar contigo:

- La mentira constante sobre todo a la hora de negar evidencias sobre algo que obviamente es real.
- Que intente crearte una duda o una inseguridad en ti misma.
- Que haya maltrato físico o psicológico.
- Que en vez de hacerse responsable de cualquier tipo de emoción desagradable de sentir, como pueden ser los celos, presente un comportamiento tóxico a raíz de ello. Recordemos que el problema no está en lo que cada uno siente, sino en lo que cada uno hace con aquello que siente.
- Que haga comentarios de menosprecio o invalidantes.
- Que, en vez de hacerse responsable de sus errores, te los eche a ti en cara e intente hacerte sentir culpable por ellos.

- Sentir que no puedo ser yo misma, que no puedo ser libre de expresarme ni de dar mi opinión.

No es una lista exhaustiva, sino subjetiva, así que quizá tú puedes añadir alguna más que para ti resulte imprescindible e innegociable.

En contraposición a las *red flags*, nos encontramos con las *green flags*, o banderas verdes. Son, por el contrario, aquellas conductas que nos pueden indicar que una relación es segura para nosotras. Más allá de sentirte cuidada, escuchada o valorada, te dejo por aquí algunas señales que pueden ayudarte a reconocer cuándo ahí sí que es:

- Sentir que, aunque no piensen igual que tú, por encima de todo se respetan las diferencias.
- Sentir que, aunque haya discusiones, no hay riesgo de que la relación vaya a romperse.
- No te sientes constantemente invalidada.
- Hay admiración mutua.
- No sientes temor a expresar tus inseguridades y preocupaciones porque confías en la otra persona y no hay miedo a que te juzgue.
- Se alegra de las cosas bonitas que te ocurren.
- Abraza tu pasado y te acompaña en situaciones dolorosas.

Esta lista recoge solo algunas de las señales que me parecen básicas para identificar las *green flags*, pero siéntete libre de añadir todas aquellas cosas que te resulten imprescindibles.

Por cierto, es importante tener cuidado de no etiquetar siempre a las personas como buenas o malas en función de su conducta. Las personas con las que compartamos nuestro camino nos van a decepcionar y nosotras también vamos a decepcionarles a ellas varias veces. Eso no siempre va a significar que estemos frente a una mala persona o que nosotras, en consecuencia, podamos serlo. Por esto es importante llegar a tener al mismo tiempo un margen de flexibilidad presente. ¿Y si en vez de separarlo todo en verde o rojo, encontramos un término medio? A este término medio se le llama *yellow flag*, o bandera amarilla, por ser la mezcla perfecta entre verde y rojo y el extremo al que cada uno representa.

Podemos aprender a identificar estas banderas cuando nos demos cuenta de alguna conducta dañina que podría estar dentro de una lista de *red flags*, pero que tiene la posibilidad de ser reparada dentro de la propia relación y siempre que ambas personas se encuentren implicadas en ello.

A veces lo más fácil es huir y volverse intolerable al malestar y al conflicto en situaciones en donde quizá podría seguir habiendo alguna posibilidad de reparación con personas que a pesar de sus «errores» sí que resultan ser seguras para nosotras. No podemos quedarnos en la creencia de que toda persona que en algún momento nos hace daño, tiene malas intenciones puestas en ello. Algo fundamental a la hora de construir relaciones sanas y auténticas, se encuentra en la capacidad para poder comunicar u expresar de manera respetuosa temas sobre la relación que nos preocupen. Si estás caminando al lado de una persona refugio, te prometo que será capaz de abrazar tu incomodidad para tratar de comprenderla con mayor o menor éxito, pero al menos el intento estará presente y eso es lo que en realidad importa.

Las relaciones sanas necesitan
conversaciones incómodas más
el intento de comprensión
del dolor ajeno.

En las relaciones sanas también se discute, se opina diferente y puede haber inseguridades. Se trata sobre todo de la capacidad de expresar y comunicar de manera respetuosa tus sentimientos y necesidades sin recurrir al ataque personal para poder contribuir así a la búsqueda conjunta de soluciones.

Ante todo, escucha a tu cuerpo y no permitas que cualquier persona entre en tu vida solo porque quizá puedas estar teniendo necesidades afectivas no cubiertas. No permitas que te invaliden, que te maltraten ni que te falten al respeto. No te olvides de que las personas hermosas también existen en este mundo, aunque la vida haya hecho que te cruces con gente que quizá haya podido aprovecharse de tu vulnerabilidad y de tu lindo corazón.

Aprender a dejar de instrumentalizar nuestras relaciones: El valor de la interdependencia

John Green, escritor estadounidense de literatura juvenil, dijo: «Las personas fueron creadas para ser amadas, las cosas fueron creadas para ser usadas y la razón por la que el mundo está en caos es porque las cosas están siendo amadas y las personas están siendo usadas».

Hemos normalizado bastante la instrumentalización en nuestras relaciones. No somos conscientes de cómo vivimos en una sociedad que tiende a usar a las personas como herramientas para cumplir con un fin concreto. Frente a esto, propongo recordar al gran filósofo alemán Immanuel Kant con su siguiente frase: «Obra de tal modo que trates a la humanidad, tanto en tu persona como en la de cualquier otro, siempre como un fin y nunca solamente como un medio». Una frase asociada con la esencia que parece vivirse en esta sociedad donde al parecer, se le da bastante valor al consumismo puntual marcado por el deseo de satisfacer las necesidades afectivas de forma inmediata y que, después, se desecha con toda la facilidad del mundo.

El miedo al compromiso, el amor superficial sin ataduras y el deseo constante de individualidad como sinónimo equivocado de libertad o, el caso opuesto, la dependencia emocional en relaciones de maltrato responden a dicha instrumentalización dentro de las relaciones humanas. Veamos a continuación cómo se manifiestan cada una de estas dinámicas relacionales con el fin de poder tomar consciencia sobre ellas para poder ayudarte a trabajarlo si es necesario y encontrar así el equilibrio natural de cualquier vínculo, que es la interdependencia.

Dependencia emocional

La dependencia emocional surge cuando colocamos a una persona en el centro de nuestra vida, de forma que todo tu estado de ánimo y tu tiempo empieza a girar en torno a ella por temor a la soledad y al abandono. Si toda tu vida depende de una persona, entonces, le estás dando toda la responsabilidad de tu bienestar. Esto comenzará a hacerte daño poco a poco, sobre todo si esa única persona por cualquier circunstancia acaba desapareciendo de tu vida.

Te muestro a continuación algunas posibles señales para ayudarte a identificarla mejor por si fuera tu caso:

- Si estás dentro de una relación, sobre todo de pareja, puede que sufras un gran temor a que esa persona pueda querer dejar la relación en cualquier momento.

- Presentas dificultades para poner límites y siempre buscas complacer a tu pareja para evitar que pueda dejarte.
- Tratas de asegurarte siempre de que la otra persona aún te quiere haciendo comprobaciones constantes.
- Pequeñas cosas hacen que te salten las alarmas, como sus cambios de humor o que tarde una hora en contestar a tus mensajes.
- No sabes qué harías en tu vida sin esa persona a tu lado.
- Sueles sentir ansiedad constante.

Te voy a poner el mismo ejemplo que les pongo a las personas que acompaño en terapia cuando hablamos de la importancia de poder trabajar la dependencia emocional:

Imagínate por un momento que tu vida es como un jardín al que te gusta cuidar. Contiene flores de todos los colores, plantas de todas las formas y tamaños y árboles frutales separados por varias parcelas. En una puedes tener melocotoneros, en otra cultivas margaritas, en otra crecen cerezos y en otra, rosas. Sin embargo, durante un largo tiempo, resulta que solo riegas y nutres la parcela de los cerezos. Por supuesto, debido a tu gran dedicación, crecen sanos y fuertes y dan unas cerezas deliciosas a tu vida, así que te sientes feliz y segura a partes iguales. Sin embargo, no contabas con la posibilidad de que viniese una ventisca que se llevara por delante a todos tus cerezos. Esto te deja rota y con una fuerte sensación de soledad y abandono, porque esa parcela fue la única en la que decidiste invertir tu tiempo y energía. ¿Te das cuenta ahora de por qué conviene poder trabajar en esto?

Lo más importante a la hora de trabajar la dependencia emocional es procurar tener el objetivo de que tu vida sea plena a través de la inversión de tu energía y de tu tiempo en varios ámbitos de tu vida, no solo y únicamente en el ámbito de las relaciones. De la misma manera que ha pasado en el ejemplo del jardín, es posible que acabes por perderlo todo si inviertes todo tu tiempo y energía en una persona a quien quieres mucho y al final un día esa persona desaparece de tu vida por cualquier motivo.

Perder a alguien a quien quieres o has querido mucho es horrible, lo sé. Pocas cosas hay peores en el mundo que tener que aprender a vivir con una pérdida. Por eso, cuando sentimos que no nos queda nada por perder a alguien, como puede ser una pareja, es momento de revisar si estamos cuidando o haciéndonos cargo de otras parcelas del jardín: amigos, familia, hobbies, proyectos laborales, autocuidado y crecimiento personal...

Entonces, si algún día alguna de estas parcelas no produce frutos, aunque el corazón se te rompa en mil pedazos, podrás seguir teniendo una red que te dé frutos a través de su apoyo. De esta forma, el miedo a la soledad o al abandono no acabará por apoderarse por completo de tu vida.

Cabe decir que, si el miedo a la soledad te supone mucho malestar, también es importante que puedas permitirte al mismo tiempo trabajar en ello. Eso sí, no se trata de tener que aprender a sentirte bien con tu propia compañía siempre, sino de aprender a no conformarte con cualquier compañía o a negociar tus valores a la primera de cambio por temor a estar sola. En este proceso, vas a necesitar permitirte tener espacios de autocuidado, hacer planes tú sola y, en general, elegir pasar tiempo contigo misma para poder conocerte un poco mejor. Al principio es posible que sea complicado, pero te prometo que, si te lo propones, puedes comenzar también a disfrutarlo cultivando la autocompasión y con un empujoncito extra.

Individualismo o independencia

El individualismo o la independencia son la otra cara de la moneda, en contraposición con la dependencia emocional. Vivimos en una sociedad en la que cada vez existen más personas con una tendencia al individualismo. Mucha gente cree que no necesita tener necesidades afectivas para ser felices, así que se protege, pone un muro entre su corazón y el de otros.

Defender el individualismo nos ha hecho muchísimo daño. Como humanos que somos, necesitamos tener nuestras necesidades afectivas cubiertas. ¿Qué ganamos con negarlas? ¿Quién nos ha hecho creer que no necesitamos mantener relaciones sanas en nuestra vida para ser felices? ¿Quién nos ha hecho creer que estamos diseñados para poder sobrevivir sin atención ni cuidados afectivos? Recordemos que el ser humano tiene una dimensión social y estamos programados por supervivencia para el amor, la conexión y el afecto. Las creencias del tipo: «No necesitas a ninguna persona para ser feliz» no benefician a nadie porque no son reales y, por lo tanto, tampoco nos ayudan a sentirnos más felices con nosotras mismas y con los demás a largo plazo.

Dejemos de mentirnos. Tener necesidades afectivas, aprender a comunicarlas y trabajar al mismo tiempo en la propia autonomía no son tareas incompatibles, una cosa no quita a la otra. Yo necesito sentir que tengo cariño, ternura y cuidado en mi vida y estoy casi segura de que a ti también te ocurre. Lo que en realidad hace daño y podría derivar en una dependencia emocional fuerte es mantenerte en relaciones que te hacen sufrir porque te encuentres tolerando actitudes que rocen o lleguen al maltrato. Sin embargo, no eres una persona dependiente por querer atención y cariño, no tienes que poder con todo tú sola. Negar esto significaría ir en contra de la propia naturaleza humana.

En mi caso, amo la soledad y me encanta pasar tiempo conmigo misma. He trabajado y sigo trabajando en mi autoestima, en mi amor propio, y en tener que aprender a identificar cuándo la conducta de alguien no es sana para mí, pero todo eso no excluye el hecho de que también necesite vínculos con los cuales poder permitirme ser vulnerable y sentirme segura.

Acabar por aceptar por fin todo lo anterior, al margen de ciertos discursos que aplauden y propagan la independencia absoluta, es algo que ha traído mucha paz a mi vida y por eso también deseo lo mismo para ti.

Interdependencia

En resumen, cuando las relaciones fracasan, suele ser porque no estamos desarrollando nuestra propia interdependencia. En terapia he visto a personas sufriendo mucho por no recibir lo mismo que están aportando dentro de una relación, por no sentirse cuidadas ni amadas de la manera en que necesitan o por no sentir que tienen prioridad en la vida de esa misma persona a la que tanto quieren. Todo eso pesa mucho. Sin embargo, también he visto a personas pasándolo fatal por tener que protegerse el corazón con mil escudos y por verse incapaces de aportar lo que la otra persona tanto desea.

Las vivencias difíciles del pasado siguen haciendo mucho daño en el presente y no podemos juzgar a nadie por ello, así que mucho menos castigarnos a nosotras mismas. Todos somos seres con una necesidad de amor muy grande, pero muchas veces intentamos relacionarnos con ella con torpeza. Cada una lo

Cuídate y huye de cualquier
discurso sobre el amor que te
haga sentir culpable por tener
necesidades humanas.

hace como puede y eso está bien. Amamos como fuimos amados y respondemos con nuestra conducta de acuerdo a la sanación que hayamos tenido con nuestras heridas. Por eso muchas veces se hace tan complicado desarrollar esta autonomía. Llenamos nuestra mochila de miedos, heridas y secuelas que provocaron nuestras relaciones durante el camino y, al mismo tiempo, muchas otras veces solemos intentar confiar de nuevo y sanar en el mismo lugar donde nos rompieron, cosa casi imposible.

Hablamos de interdependencia cuando nos quedamos en el término medio entre la independencia y la dependencia. Es decir, cuando nos vinculamos de una forma en la cual nos permitimos dar y recibir al mismo tiempo desde la confianza en nosotras mismas y también en los demás. La interdependencia y la confianza van de la mano.

Teniendo en cuenta eso, podríamos decir que la interdependencia podría resumirse en la siguiente frase: «Puedo hacerlo sola, pero no tengo por qué». Es decir, confío en mis capacidades y recursos, pero valoro el apoyo y el acompañamiento de las personas y me abro a ser vulnerable ante quienes siento que tienen un corazón noble para mí. Personas con su correspondiente riesgo de equivocarse y meter la pata, pero por encima de todo, personas que son refugio y, aún con sus torpezas al igual que nosotras con las nuestras, llenan de paz nuestro mundo. Eso sí, siempre que pueden y de la manera en la que pueden. Porque también en el desarrollo de nuestra autonomía e interdependencia nos va a tocar tener en cuenta los siguientes recordatorios que he resumido en tres puntos parecidos:

1. Como escribía Antoine de Saint-Exupéry en *El Principito*: «Solo podemos pedirle a cada uno lo que cada uno puede

dar» o, en palabras del escritor Oscar Wilde, «Cada uno da lo
que tiene en el corazón y cada uno recibe con el corazón que
tiene».

Algo que me ha costado mucho tiempo aceptar en la vida y que
aún sigo trabajando es dejar de esperar siempre que los demás
actúen como yo actuaría. No todo el mundo es como tú y de los
demás solo podemos esperar lo que ellos son, no lo que somos nosotras. De los demás solemos esperar la misma honestidad, la misma empatía y la misma reciprocidad que nosotras tenemos, pero los valores que se encuentran en nuestro corazón
no son los mismos que muchas veces recibimos de vuelta por
parte de los demás. Cuando no es así y nos damos cuenta de que
algunas personas no van a dar lo mismo que nosotras, acabamos
frustradas y decepcionadas.

Si das mucho es porque eres mucho. Lo que hay dentro es
lo que hay fuera. El agua no va a dejar de ser agua, da igual que
esté en el vaso o vertida fuera. Del mismo modo, si das amor,
cariño, ayuda o empatía de la manera en la que mejor puedas
hacerlo en cada momento vital de tu vida, es porque eso es lo
que hay dentro de ti, en tu corazón. Al mismo tiempo, toca
aceptar que cada persona ofrece desde lo que sabe y desde lo
que tiene, así que esto va a ser diferente para cada persona y no
podemos forzarlo.

2. Como dice el proverbio: «Nadie puede dar lo que no
tiene».

Cuando uno da, no da para vaciarse, sino para nutrirse. En primer lugar, se nutre a sí mismo sabiendo que no siempre vamos a

recibir de la misma forma con la que nosotras damos o al menos no por parte de las mismas personas. En segundo lugar, uno al final da para compartir algo que ya obtuvo. Es decir, te doy porque en el fondo de mi corazón sé que lo mereces. Te doy porque honro tu camino y a la vez tú me enseñas con tu ejemplo a honrar el mío. Te doy porque hacerlo me hace feliz y desde ahí nutro mis valores. Cuando actúas siempre desde el amor, nadie puede arrebatarte nada. Las veces que regalaste, las veces que cuidaste, las veces que diste algo desde el fondo de tu corazón, todo eso se queda contigo, te conviertes en todo el amor que das porque eliges ser fiel a tus valores.

3. Como digo siempre: «Muchas veces las personas no te van a amar como tú quieres, sino como ellos saben o pueden».

El amor humano tiene vacíos, carencias y limitaciones y entendiendo esto es desde donde en realidad podemos construir relaciones mucho más auténticas, compasivas y reales. Porque amar es también aprender a reconocer hasta dónde una persona puede ser capaz de ofrecernos aquello que necesitamos, sabiendo que en el fondo todas estamos llenas de límites, carencias e imperfecciones y no pasa nada.

Los demás no te van a amar como tú quieres, sino como ellos pueden. Eso no significa que no te quieran con todo su ser, sino que tan solo muestran su querer de una forma diferente a la tuya. El amor puede manifestarse de muchísimas formas y a veces ocurre que el modo en que los demás lo expresan no siempre va a tener que parecerse al tuyo.

Esto se debe a que en realidad existen al menos cinco lenguajes del amor, según Gary Chapman, que hacen referencia a cinco estilos diferentes para dar y recibir amor. Es decir, son la manera en la que cada uno se siente mejor recibiendo o mostrando el amor y cada uno solemos tener entre uno y dos tipos con los cuales nos sentimos más cómodos a la hora de expresar el amor. ¿Cuáles son? Aquí están:

1) **Palabras.** Podemos expresar amor utilizando palabras de ánimo, apoyo, afecto, amabilidad, elogios. Por ejemplo, podemos decir frases del tipo: «Te quiero mucho», «¿Cómo te sientes?» o «¿Cómo te ha ido el día?».

2) **Compartir tiempo de calidad.** Es decir, sentirse escuchada por la otra persona, estar ahí presentes, pasando tiempo juntos sin prisas ni distracciones, como por ejemplo ir al cine, salir a cenar o a hacer un viaje.

3) **Hacer regalos.** Pueden expresar mucho aprecio por la otra persona más allá de la visión material.

4) **Actos y servicios.** Es decir, hacer favores sin esperar nada a cambio con el fin de ayudar a la otra persona de manera generosa o altruista sin que sea una obligación. Por ejemplo, ofrecerse para fregar los platos o hacer la cena sin esperar nada a cambio.

5) **Contacto físico.** Abrazarse, besarse, acariciarse…

Ahora te pregunto: ¿De qué forma necesitas tú dar amor? ¿De qué forma necesitas recibir amor? ¿Hay alguna forma de dar o recibir cariño que pueda incomodarte?

Tener clara la respuesta nos permitirá comprendernos mucho mejor a nosotras mismas y también a los demás.

Algo que he podido aprender durante este viaje es que no siempre el amor va de dar y recibir de manera equitativa. Muchas veces, amar va a implicar aprender a aceptar que algunas personas no van a poder darnos lo que necesitamos, pero aun así podemos llegar a honrar su proceso mientras que al mismo tiempo aprendemos a honrar el nuestro. También aprendemos a darnos permiso para poder elegir satisfacer nuestras necesidades en otros ambientes donde eso que tanto necesitamos sí que esté de verdad disponible para nosotras.

Por ejemplo, ¿te has dado cuenta alguna vez de lo que hacen las plantas cuando no pueden obtener luz solar con total facilidad? Cuando una planta no recibe suficiente luz, comienza a crecer y a estirarse hasta que encuentra lo que necesita. Así que evitemos este sufrimiento. Es normal que precisemos tener nuestras necesidades cubiertas, pero si no las tienes, es importante que no te quedes con los brazos cruzados. Seamos esas plantas, no nos quedemos esperando y salgamos al encuentro de aquello que tanto necesitemos cuando otros no estén disponibles para dárnoslo.

Para construir relaciones auténticas, hay que evitar que el consumismo se apodere de ellas. Estamos comenzando a vivir en una sociedad donde hay mucho miedo a darle espacio a los defectos, a las carencias y las limitaciones de los demás. A la primera que vemos algo que no nos gusta en la otra persona, salimos corriendo sin cuestionarnos.

Una de las formas más bonitas de querer a otra persona es cuando podemos permitir que sea quien ella es, sin buscar cambiarla, con sus virtudes y sus defectos. Yo siempre pienso lo mismo: si de verdad amas a alguien, dale paz. Quizá por eso, el mejor estado de la vida no es estar enamorado, sino estar tranquilo. El mundo necesita muchos más espacios seguros.

Seamos como plantas, no nos quedemos esperando y salgamos al encuentro de aquello que tanto necesitemos cuando otros no estén disponibles para dárnoslo.

Además, a veces en la vida puedes estar rodeada de personas que en realidad pueden quererte mucho, y que, sin embargo, quizá en este momento no tengan ni la energía ni el equilibrio emocional necesarios como para poder demostrártelo o hacerlo de la forma que necesitarías. Eso no significa que no te quieran con todo su corazón. Siento decirte que no es verdad que siempre las personas que te quieren o tienen interés en ti van a estar en tu vida para poder darte aquello que tú necesitas de manera incondicional.

Si alguien de tu vida no te está dando lo que necesitas, es importante que te plantees si no te lo da porque no quiere o si, en cambio, no te lo da porque no puede. A partir de ahí ya decides qué hacer.

El verdadero reto al que nos enfrentamos a la hora de amar está en aprender a quedarnos en la vida de los demás y permitir que ellos también se queden en la nuestra, no porque queramos algo de ellos a cambio, sino por todo lo que esas personas despiertan en nosotras. Puede ser por sus valores, por su forma de ser o de vivir sus emociones y por todo lo que nos hace sentir y nos invita a conocer de nosotras mismas.

Al encuentro con tu sombra: Las partes que no te gustan de ti ni de los demás

A veces aquello que no nos gusta de los otros también se encuentran dentro de cada una de nosotras. Somos humanos y todos somos más parecidos de lo que en realidad creemos.

Nuestras relaciones familiares, de trabajo, de amistad o de pareja son nuestros espejos más poderosos. Nos ofrecen la posibilidad de ver nuestras tinieblas o, como diría Carl Jung, nuestra sombra. Tendemos a proyectar en los demás aquello que rechazamos en nosotras. Incluso en muchas ocasiones, todo lo que no aceptamos en los demás puede llevarnos a un entendimiento de nosotras mismas si así estamos abiertas a explorarlo desde la humildad y la curiosidad.

Mi madre y yo chocamos bastante durante muchos años, todavía nos sucede en ocasiones. A ella le gusta tener todo ordenado y controlado y resulta ser bastante proactiva. En cambio, yo soy más fan de la improvisación, de dejarlo todo para después y de la fluidez. Así que, cuando hemos estado conviviendo las dos juntas, ha sido inevitable que tengamos discusiones. Ella se enfada cada vez que me dejo las cosas por el medio, que no termino algo en concreto, que no friego los platos en el momento después de cada comida porque prefiero irme a descansar a mi cuarto, o cuando no lo hago como a ella más le gustaría. Mi madre no se permite el descanso o la despreocupación en absoluto y a mí me molesta su necesidad de control y perfeccionismo. Ambas nos hacemos de espejo. Lo que mi madre no se permite ser, yo lo soy del todo. Y lo mismo ocurre conmigo, lo que yo no me permito ser puedo verlo reflejado en ella y acaba por molestarme.

Esta actitud refleja que las personas nos empeñamos muchas veces en identificar las sombras de los demás por encima de las nuestras propias. Sin embargo, cuanto más práctica tengamos en reconocer las nuestras y traerlas a la luz, más sencillo será también poder reconocerlas en los demás para poder aceptarlas y abrazarlas. Por ejemplo, cuando yo no reconozco que tengo una parte egoísta, si alguien se comporta de manera egoísta conmigo, me va a costar mucho más poder detectar ese egoísmo en el otro.

Voy a citarte una frase que se le atribuye a Wayne W. Dyer, un escritor y psicólogo famoso dentro del mundo del autoconocimiento: «Cuando cambiamos la forma de mirar las cosas, las cosas que miramos cambian». Yo creo que esto también pasa con las personas. En definitiva, como acabamos eligiendo ver de otro modo, es inevitable que acabemos pensando de otra manera, sintiendo de otra manera y, en consecuencia, actuando de otra manera.

Hay una historia detrás de cada persona. Hay una razón por la cual cada uno es como es. No es tan solo porque cada uno así lo desee (¡que también!), sino porque el pasado sigue vivo en nuestro interior. Lo que solemos mandar a la sombra tiene que ver con todo aquello que hemos tenido que ocultar para protegernos:

- Emociones que no pudieron ser expresadas en el momento en que las hemos sentido, como miedo, rabia, tristeza, asco, alegría…
- Necesidades que no pudieron ser satisfechas (de movimiento, de ruido, de juego libre, de contacto corporal…).
- La creatividad y la curiosidad.
- Intereses, opiniones y deseos que fueron reprimidos o juzgados al querer desarrollarse.

Cuanta más sombra haya sin reconocer, más desconectadas estaremos de nuestro yo auténtico, de nuestra luz, así que pensaremos: «No sé lo que quiero, no sé cuál es mi propósito aquí, no sé quién soy…». Por eso es muy importante mirar de frente a las sombras y empezar a descubrir todas las emociones, sensaciones, recuerdos y deseos que ocultan. Solo así podremos comprenderlas y dar luz a nuestro verdadero yo.

Si quieres saber quién eres
en realidad, te va a tocar soltar
la necesidad de ser perfecta
y abrazar a cada una de tus
torpezas. No podemos trabajar
nuestros aspectos más «luminosos»
sin atrevernos a darles espacio a
nuestras propias sombras.

Comienzo a trabajar en mi sombra. ¿Qué observo
en el otro?

Escribe del nombre de tres personas que se te pasen por la mente y, a continuación, escribe tres características que veas de cada persona:

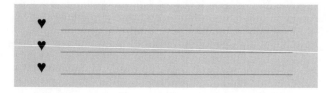

El objetivo del ejercicio es reflexionar y darte cuenta de que quizá tú también tengas todos los elementos que escribiste en la lista y que, por lo tanto, han formado parte de tu sombra todo este tiempo. Tal vez no de la misma manera o con el mismo peso, pero sí de una forma propia.

Ahora piensa, ¿de qué formas presento yo también estas características? Y si encuentras alguna con una tendencia social considerada «más desagradable», intenta no ser muy dura contigo misma. Recuerda ser compasiva y que no existen partes malas. Todas tenemos este tipo de partes que nos hacen ser seres completos.

«Quizá de lo que más nos enferme es pretender aparentar que uno está sano, que tiene todos sus problemas resueltos y que ya lo sabe todo. Irnos a cómo deberíamos ser en lugar de mirar con honestidad lo que somos y poderlo abrazar.

*Porque es en la más profunda aceptación de lo que
somos como podemos empezar a cambiarlo».*

GUILLERMO BORJA

✧

Hay una leyenda india que dice que dentro de cada una de nosotras viven dos lobos que libran una gran batalla. Uno de ellos
es negro y representa a las partes más oscuras: el miedo, la ira, la
envidia, la pena, el arrepentimiento, la avaricia, la arrogancia,
la culpa, el resentimiento, la inferioridad, las mentiras, el falso
orgullo, la superioridad y el ego. El otro lobo es blanco y representa las partes más luminosas como: la paz, el amor, la esperanza,
el compartir, la serenidad, la humildad, la amabilidad, la bene-
volencia, la amistad, la generosidad, la verdad y la fe. Esta lucha
ocurre dentro de todas nosotras cada día, en nuestros corazones.

Pero ¿cuál de los dos ganará esta batalla? Pues al que tú ali-
mentes. Sin embargo, en el fondo ambos siempre ganarán la
batalla porque, aunque a veces luchen, se necesitan el uno al otro.
Cada lobo tiene una finalidad y cualidades que necesitas para vivir. El negro tiene mucha astucia, agudeza y capacidad estratégi-
ca. Está acostumbrado a la oscuridad y nada más sentirse herido
se despertará para protegerte, mientras que el blanco te muestra
un lado más pacífico de las cosas, lleno de amor y empatía. Si
solo alimentas al negro serás incapaz de disfrutar de la vida y de
las personas que te rodean y te convertirás en una persona irasci-
ble. Si tan solo alimentas al blanco corres el riesgo de quedar des-
protegida ante cualquier amenaza y sin capacidad de reacción.

¿Te cuento un secreto? En el fondo debes alimentar a ambos por igual para que dejen de luchar entre sí. Cada uno es útil para esta vida dependiendo de la ocasión. Por eso, alimentando y cuidando a los dos lobos que habitan en ti es cuando de verdad podrás crear el equilibrio, la paz y la armonía que tanto necesitamos en la vida. Y en eso consiste el trabajo con la sombra.

❖

«No eres mala persona. Eres una buena persona a quien le han sucedido cosas malas. [...] Además, el mundo no se divide solo en buenos y mortífagos. Todos tenemos luz y oscuridad en nuestro interior. Lo que importa es qué parte elegimos potenciar. Eso es lo que realmente somos».

HARRY POTTER Y LA ORDEN DEL FÉNIX

❖

¿Y si me preocupa mostrarle al mundo quién soy en realidad? Conversa con tu vergüenza

Cuando sentimos el anhelo de ser auténticas y sentimos la llamada de abrir nuestro corazón al mundo, corremos el riesgo de que los demás nos juzguen y de que aparezca un gran sentimiento de vergüenza, como estoy segura de que a ti también te ha podido ocurrir más de una vez en la vida.

La vergüenza es esa emoción que se manifiesta en nuestras vidas cuando nos acabamos creyendo el cuento de que no somos suficientes ni dignas de ser amadas por no ser perfectas.

Para mí la vergüenza es una emoción difícil de acompañar en muchos casos. Te hace vivir con el miedo a que descubran tus tinieblas, aquellas partes que puedan resultar ser más difíciles de amar o tus torpezas, que también forman parte de quien eres.

Nos asusta la idea de que, si los demás nos conocen por todo lo que somos, podamos llegar a decepcionarlos, lo que hará que se alejen de nosotras y que salgan corriendo de nuestras vidas a la primera de cambio.

Entiendo de vergüenza, entiendo mucho el dolor y el impacto que tiene esta en nuestra vida, sobre todo si no hemos aprendido a poder relacionarnos con ella. Por eso me dedico también a poder acompañar a los demás a poder transitarla.

No es fácil y a mí lo que, en realidad, me ayudó mucho fue comenzar a compartir mis dones cuando por fin pude comprender que no a todo el mundo iban a gustarles y que eso estaba bien. Mientras seas fiel a ti misma, no puedes equivocarte.

Te voy a contar una historia que le ocurrió a Bronnie Ware, una escritora que trabajó durante muchos años con enfermos terminales. Resulta que un día, antes de morir, les preguntó a algunos de sus pacientes qué era aquello que hubieran hecho diferente en sus vidas. La mayoría le dijo cinco cosas que todos compartían y que les hubiera gustado hacer de manera diferente antes de morir:

1. Ojalá hubieran vivido una vida fiel a sí mismos y no a lo que otros esperaban de ellos.
2. Ojalá no hubieran trabajado tan duro.
3. Ojalá hubieran tenido más valor de expresar lo que sentían.
4. Ojalá hubieran pasado más tiempo con personas que en realidad amaban.
5. Ojalá se hubieran permitido ser más felices.

Nada nos aleja más del propósito
de nuestra vida que decidir silenciar
nuestras voces. Nada nos aleja más
del propósito de nuestra vida que
no atrevernos a ser quienes
hemos venido a ser.

El cultivo de la autoestima y del valor personal va a ser clave en este camino. Para comprenderlo mejor, te resumo el cuento de *El verdadero valor del anillo*, de Jorge Bucay, y te propongo que te preguntes si existe alguna parte de ti que se vea reflejada en el prota:

Un joven cansado de que nadie reconozca su valía acude a un sabio para que lo ayude a descubrir el valor real de su persona, de su vida. El sabio le da un anillo y le dice que vaya al mercado a venderlo; cuando le pregunten por el precio, él debe levantar dos dedos. Al hacerlo, una mujer le ofrece dos euros por él y el joven duda, así que vuelve a hablar con el sabio. Este le dice que pruebe a venderlo en la joyería y que haga lo mismo: cuando le pregunten por el precio, deberá levantar dos dedos. En este caso, el joyero le ofrece dos mil euros. Desconcertado por la diferencia de precio, el joven acude al sabio para entenderlo, y este le explica que el anillo representa su autoestima, y que solo un experto en la materia puede valorarla de verdad. Uno debe ser consciente de sus logros y de sus fortalezas; solo así se hará respetar y será digno de su valía.

Tal vez tú también has vivido toda tu vida pensando que eras un anillo de dos euros o quizá has estado rodeado de personas que te hacían sentir que valías solo eso. Al final, has acabado por creerte esa información, interiorizarla y hacerla parte de tu vida cotidiana y de la relación que tienes contigo misma. Pero, si te pones a pensar, ¿qué tiene eso de cierto? ¿Quién ha decidido que eres un anillo de dos euros y por qué te lo has creído? ¿Qué quieres ser tú en realidad?

La moraleja de este cuento nos invita a darnos permiso para abrazar la oportunidad de ser solo una misma y «convertirnos en aventureros, en guerreros de nuestros propios desafíos, al margen de lo que esperen los demás de nosotros», tal y como menciona la psicóloga María José Pubill.

Recuerda que tu valor como persona no depende de la mirada que otros tengan sobre ti. Recuerda que, en general, cómo te trata una persona es solo un reflejo de cómo se siente ella por dentro.

Para ir aprendiendo a lidiar con la vergüenza, te dejo algunas claves que pueden serte de ayuda:

1. No te guardes la vergüenza para ti misma. Cuando te pase algo vergonzoso en tu vida, es importante que siempre tengas la posibilidad de contárselo a alguien de tu confianza que sepas que no va a juzgarte y que va a intentar comprenderte. Alguien que se haya ganado el derecho a que tú le abras las puertas de tu casa interna porque sabes que la va a llenar de calma y no de caos o desorden.

2. Reconoce que sientes vergüenza. Nómbrala por su nombre e identifica en qué parte de tu cuerpo puedes llegar a sentirla y con qué síntomas físicos la asocias para poder aprender a gestionarla.

3. No busques evidencias de que no eres suficiente ni perfecta, te aseguro que las vas a encontrar. Por el contrario, acepta que eres un ser vulnerable, perfectamente imperfecto y sigue trabajando en la autocompasión y en la aceptación de tu propia historia personal.

4. Identifica tus dones, fortalezas o talentos.

5. Acepta que, si algo te duele, te duele. A veces es difícil no tomarnos de manera personal ciertas críticas, incluso aunque estas hayan sido hechas desde el cariño y no pasa nada. Todos sentimos vergüenza. Todos tenemos luces y som-

bras dentro de nosotros y todo esto forma parte de la vida
y tiene su parte necesaria dentro del proceso humano de
desarrollo. Pero de nada sirve dejarnos llevar por todo lo
que la vergüenza viene a decirnos. Si es así, jamás de los
jamases podremos sentirnos bien con nosotras mismas ni
lograr construir un futuro con una vida con la que de todo
corazón nos sintamos orgullosas.

Recuerda que, así como el sol no se juzga a sí mismo por su
brillo, el océano no se juzga por la bravura de sus olas y las
montañas no se juzgan por sus grandes alturas, tú tampoco mereces castigarte por ser quien eres. Si sientes que al mismo tiempo esa luz que tienes es demasiado brillante y que eres demasiado sensible y sientes la vida con intensidad, eso significa que
sabes bien quién eres.

Eso significa que de verdad vives y no es justo que te juzgues por ello.

Ten en cuenta que esta es tu vida, tu experiencia es única.

Date el permiso de ocupar tu lugar en el mundo.

Pero, sobre todo, vamos a darnos permiso de expandir la belleza que habita en los corazones sensibles de quienes sienten
demasiado y que tienen como propósito inspirar un cambio de
conciencia colectivo en muchos otros corazones.

Ahora nos vemos en la última parada de este viaje, de camino a crear un futuro en el que podamos estar orgullosas de ser
quienes somos.

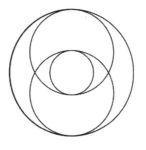

CREA TU FUTURO

Construye una vida de la que puedas sentirte orgullosa
en libertad y en conexión con todo lo que eres

1

TU REGALO ÚNICO PARA EL MUNDO: TU PROPÓSITO Y TUS DONES

Escribo este capítulo dedicándoselo a todas aquellas personas que creen estar perdidas en la vida, que no «se encuentran» y están sufriendo mucho por ello. Lo escribo sintiendo mucha ternura y compasión por todas ellas y porque en ellas también a veces me veo a mí reflejada con todo el camino recorrido y con todo lo que aún me queda por recorrer.

> «*Tengo miedo al futuro. La verdad que no sé muy bien qué quiero hacer en la vida. Quiero irme, quiero viajar porque me encuentro perdido y no me encuentro a mí mismo en nada en concreto*». *Lo he escuchado decir recientemente a varios amigos y conocidos.*
>
> «*Me da ansiedad ver que si me comparo con la vida de otras personas siento que aún no he logrado encontrar mi lugar en el mundo, por muy orgullosa que pueda sentirme del camino recorrido*».

Incluso me he escuchado a mí misma diciendo eso mismo en varias ocasiones.

Todos hemos llegado a esos momentos en que, de pronto, nos detenemos para hacernos varias preguntas muy concretas: «¿Qué estoy haciendo con mi vida? ¿Para qué estoy aquí? ¿Cuál es el propósito de todo esto?». Y no es raro que estas preguntas sigan estando con nosotras a lo largo de todo este viaje.

No te voy a negar que a lo largo de mi vida he podido sentir ambas cosas: que la vida tiene un sentido, un propósito, y también que no lo tiene. Prácticamente porque hasta no hace mucho relacionaba el propósito solo con el ámbito laboral. Aunque el área laboral puede ser un puente de autorrealización humana que da para mucho, no tiene por qué abarcarlo todo o ser útil para todo el mundo. Por mucho que nos la hayan colado así desde un modelo claramente capitalista en donde nuestro valor como personas se encuentra en el «hacer» y en la producción por encima del «ser».

El propósito de vida no es algo lineal. La vida no tiene sentido por sí misma, sino que el sentido se crea. Lo que tú decidas puede ser el propósito de tu vida y la forma que tienes para crearlo es a través de la intención que haya detrás de tus acciones. Cada cosa que haces puede crear el sentido de tu vida. El propósito, por lo tanto, no se encuentra, sino que se construye, y eso nos permite dirigir la mirada hacia una misma y hacia lo que se encuentra en el interior de nuestro corazón, hacia nuestros valores, hacia nuestros dones y talentos.

Con respecto a esto último, dicen que cuando nacemos la vida nos llena de bellos regalos: «dones» y «talentos» que debemos ir descubriendo a lo largo de nuestro viaje para ponerlos al servicio de los demás. A veces esos regalos los descubrimos sin querer, a veces los buscamos y a veces ellos nos encuentran a nosotras, porque forman parte de nuestro propósito de vida.

¿Y sabes? Tus dones son tu luz, es la luz con la que vienes a iluminar aquellos rincones más oscuros del mundo. Es ahí, donde en realidad puedes darte cuenta de que en el fondo la forma en la cual decidas construir tu propósito no va a encontrarse tan ligada a lo qué haces, sino a cómo lo haces. Es decir, en cómo eliges poner esos dones y talentos al servicio de los demás y del mundo.

Para entender un poco mejor a qué me refiero con lo anterior, te explico un pequeño cuento que leí una vez:

> *Un día tres hombres estaban trabajando en la construcción de un edificio. Un observador se acercó y les preguntó: «¿Qué están haciendo?».*
>
> *El primero, sin siquiera mirarlo, respondió: «Aquí, poniendo ladrillos».*
>
> *El segundo, levantando la cabeza y dejando por un momento la actividad, dijo: «Estoy reconstruyendo un viejo edificio».*
>
> *El tercero, feliz de su trabajo, con un brillo de determinación en la mirada, respondió: «Estoy construyendo una iglesia para alabar a Dios».*

Como ves, se trata de la misma acción llevada a cabo desde tres visiones diferentes. Los dos primeros ponen el foco en lo que hacen mientras que el último tiene su foco en su propia razón de ser, en el para qué lo hace. Porque tiene su visión puesta en algo más grande que él mismo. En su propósito.

Por ejemplo, en tu vida puedes hacer la comida para toda tu familia y que sea ese tu propósito. Puedes tomarte un café tranquila en la terraza y cumplir con tu propósito. Puedes ir a al supermercado y ser fiel a tu propósito o ir a tu trabajo y cumplir con tu propósito. Como hemos visto a través del ejemplo, no se trata de lo que haces, sino del amor que le pongas a aquello que haces.

Maïté Issa, autora del best seller *Tu éxito es inevitable*, expresa en ese libro las siguientes palabras acerca del propósito: «A nivel de nuestra alma, todos compartimos un solo propósito: ser amor y compartir amor. Tu libre albedrío te permite decidir cómo quieres ser ese canal de amor. Y mientras seas ese canal, estarás en tu misión, en propósito. Hagas lo que hagas, digas lo que digas y estés donde estés». Por lo tanto, lo único que irá cambiando a lo largo del camino será la forma en la cual sientas expresar ese amor a medida que vayas explorando tu vida, porque con cada paso siempre cabe la posibilidad de que nazca dentro de ti otra forma de expresar quien eres, de manifestar amor y de cumplir tu propósito. Son tus dones o talentos junto a tus respectivos valores personales la forma en la cual puedes elegir poner al servicio del mundo todo ese amor que eres.

Como dijo Wayne Dyer: «Lo que das, te lo das y lo que hagas para mejorar la vida de los demás eso es lo que hará que tu vida cobre sentido». Porque todos tenemos un lugar en nuestro corazón que quiere sentirse realizado y que anhela que su vida conmueva profundamente en la vida de alguien con su existencia.

Dar amor a través de nuestros dones y talentos, todos queremos eso y solo podemos sentirnos realizados a través del amor en nuestras vidas.

Trabajar tu dimensión más transpersonal a través de un libro es complicado. Aunque compartamos el mismo propósito mayor, existir y dar amor, a lo largo de la vida cada una va a tener el poder de explorarlo en diferentes sentidos. El sentido de la vida es algo personal y único para cada persona y es un camino que solo tú podrás ir construyendo y recorriendo a medida que vayas viviendo. Recuerda: solo tú y nadie más. «Caminante no hay camino se hace camino al andar», escribió Antonio Machado en uno de sus famosos poemas.

Aquí tienes un mapa general para que pueda ayudarte a conocer parte de la luz que vive en ti y a crear una visión de futuro y propósito en tu vida:

♥ Reflexiona acerca de aquello que suele apetecerte hacer de manera natural o sin ningún esfuerzo en tu vida. Siéntelo en tu corazón.

♥ Siempre y cuando no sea retraumatizante ni doloroso para ti poner la mirada en el pasado, haz memoria sobre tu infancia: ¿Qué te gustaba hacer? ¿Con qué disfrutabas? ¿Cuáles eran tus sueños? Si no te acuerdas, puedes preguntar a alguien que estuviera a tu lado cuando eras pequeña en caso de que tengas la oportunidad de hacerlo.

♥ Pregunta a gente conocida y en quien confíes qué atributos o cualidades positivos piensan que tienes y elabora una lista con todo aquello que crean que forma parte de ti para ver cómo podrías ponerlo al servicio de ti misma y de los demás.

♥ No le tengas miedo a soñar. Tus sueños son la brújula que guía a tu propósito: ¿Cuáles son tus sueños? ¿Te permites soñar en grande? Si no encontraras ningún obstáculo entre tus sueños y tú, ¿qué harías? ¿Y para qué lo harías? ¿Lo que estás haciendo hoy te acerca un poco más a aquello que deseas? ¿Hay algo que podría depender de ti para comenzar a ponerlos en tierra? Por pequeño que creas que pueda ser ese paso, todo suma y todo aporta en este viaje.

♥ Recuerda que enseñamos lo que tenemos que aprender. Cuando tenemos un problema, ahí es donde mejor podemos contribuir a los demás o al mundo. Muchas veces donde está nuestra oscuridad o nuestra carencia está nuestra luz y nuestro regalo para el mundo. Te pregunto: ¿Qué dificultades crees que tienes ahora mismo? ¿Qué obstáculos has atravesado o te encuentras atravesando en este momento? Aquello que hemos superado e integrado es luego más fácil transmitirlo o utilizarlo como inspiración para otros.

♥ Conoce tus valores. ¿Recuerdas que los valores ayudan a la construcción de tu razón de ser? Vuelve a ese apartado si lo necesitas. Tener en cuenta cuáles son nuestros valores y tratar de ser coherente con ellos acaba aportando paz y sentido a la vida.

♥ Cultiva relaciones auténticas. Ya hemos visto cómo las conexiones humanas son fundamentales para encontrar bienestar y propósito. El apoyo, la vulnerabilidad, la conexión y la intimidad emocional con otros seres y personas son vitales para sentir que nuestra vida tiene un sentido.

♥ Pon atención en las pequeñas cosas. A veces, encontrar sentido en la vida implica aprender a apreciar las pequeñas cosas y cultivar la gratitud puede ayudarte a construir un sentido también en tu día a día.

♥ Encuentra la inspiración a través del modelo de vida de otras personas. ¿Se te ocurre alguien cuya vida te inspire? ¿Quién es? ¿Por qué?

♥ Ayuda a los demás: apúntate a voluntariados, ayuda en tu comunidad, en residencias, en ONG...

♥ Cultiva el altruismo en tu día a día con pequeños gestos. Intentar cultivar el amor con pequeños detalles hacia los demás seres en el día a día siempre trae luz al mundo y en realidad no nos tiene por qué costar mucho trabajo. El mundo exterior está patas arriba sí, no lo niego, pero vamos a elegir hacerlo bonito. Por ti, por mí y por todos hasta el final de nuestros días. ¿Prometido?

REGALITO EXTRA: Construye tu *ikigai* o «razón de ser»

Ikigai es una palabra japonesa que se traduce como «la razón de ser». Todos llevamos nuestro propio *ikigai*, nuestra propia razón de ser, en el interior, y es esencial descubrirlo y hacerlo nuestro para que nos salve de la desesperanza y del vacío existencial.

Este método japonés te puede ayudar a encontrar tu propósito en la vida. Por lo que, si estás perdida, te encuentras atravesando un momento de crisis y no sabes hacia dónde dirigir tu intención, te propongo conectar con esta actividad:

1. Lo primero que te recomiendo hacer es dibujar un diagrama como este que te muestro a continuación con cuatro círculos que van a representar cuatro áreas diferentes de tu vida. En la confluencia de esas cuatro áreas, podrás encontrar tu propio *ikigai*:

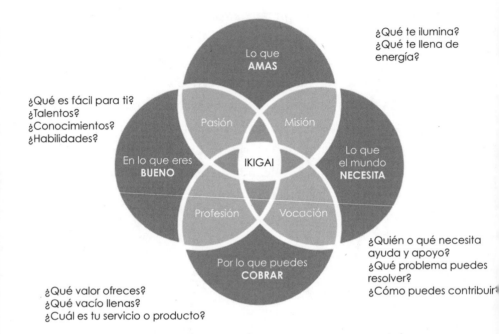

2. En el primer círculo haz una lista de todo lo que amas, todo lo que te encanta hacer, aquello por lo que sientes pasión e ilusión dentro de tu vida.

3. En el segundo círculo piensa y escribe sobre aquellas cosas en las que piensas que eres bueno.

4. En el tercer círculo piensa acerca de aquellas habilidades, dones o talentos que tengas por los que te puedan pagar.

5. Por último, en el cuarto círculo, escribe acerca de cosas que crees que el mundo necesita para que este sea mejor.

Ahora vamos a descubrir qué es lo que estas conexiones significan en realidad:

- ♥ La conexión entre aquello que se te da bien y entre aquello por lo que pueden pagarte es **tu verdadera profesión.**
- ♥ El cruce entre aquello por lo que te pagan y entre lo que el mundo necesita **es tu vocación.**
- ♥ La conexión entre lo que el mundo necesita y lo que amas es **tu misión.**
- ♥ Por último, el cruce entre aquello que amas y aquello en lo que eres bueno es tu **pasión** y en el centro de todo ello está tu *ikigai*, tu propósito o razón de existir.

Así que, según este método, si puedes conocer qué es lo que en realidad amas, en qué eres bueno, por lo que te pueden pagar y lo que de hecho el mundo necesita, tendrás facilidad para encontrar tu propósito o razón de ser. Aunque eso sí, recuerda: no tiene por qué haber un único propósito o razón de ser, siempre estamos en constante viaje, haciendo camino al andar.

Un día quizá te des cuenta de que la felicidad no se trataba de seguir los pasos de aquellos que pasaron antes de ti ni de compararte con los demás.

Un día a lo mejor te des cuenta de que la felicidad estaba en descubrir tu propósito, en tener esperanza, en escuchar a tu corazón y seguirlo adondequiera que te llevara.

La felicidad se basa en ser amable y compasiva contigo misma y con los demás, en aprender a querer a la persona en la que te fuiste convirtiendo con todas sus luces y también con todas sus sombras.

Un día entenderás que la felicidad no estaba solo en las manos de otras personas, sino que también estaba en las tuyas.

2

MÁS ALLÁ DE LA TORMENTA

Un fragmento de todo lo que he amado y he elegido dejar ir vive aún en mí. Una porción de todo lo que a mi corazón le traspasó me sirvió como motor de creación e inspiración.

A veces, de las heridas del alma, nace la mejor medicina. Para aprender a vivir, hay que aprender a morir muchas veces. Para aprender a vivir, a veces no queda otra salida que perderse. Perderse es el proceso que en ocasiones toca experimentar para saber quién eres en realidad y hacia dónde vale la pena comenzar a poner el corazón en la construcción de una vida auténtica. Y aquellas crisis las que nos transforman de verdad y hacen que nos replanteemos la vida más allá de la programación recibida. A través de las sucesivas crisis podemos acceder a la dimensión de los sueños, la humildad, la bondad, la paciencia, la compasión, la fe, la gratitud y el amor, aspectos intrínsecos a la esencia de nuestra verdadera naturaleza humana.

Desde el fondo de mi ser, muchas veces siento que, si no hubiera sido por esos encuentros que me acabaron rompiendo y mostrando tanto de mí misma, no me hubiera podido iniciar en el mundo del acompañamiento terapéutico ni tampoco creo que pudiera estar ahora mismo escribiendo este libro. Sin intención de romantizarlo, lo que quiero decir es que en mi caso el dolor ha sido un gran maestro. El dolor ha sido motor de creación durante gran parte de mi vida. Buscar la manera de acompañarme a mí misma en mi propia imperfección humana y gracias al apoyo que me dieron y me siguen dando algunas personas, mientras puedo dar apoyo a otros a lo largo de su camino, ha sido uno de los mayores regalos que la oscuridad me ha entregado para aprender a integrarlo en mi vida.

⬙

«El arte más poderoso de la vida
es hacer del dolor un talismán que cura,
una mariposa que renace florecida
en fiesta de colores».

Frida Kahlo

⬙

Como te contaba en el capítulo anterior, los obstáculos más duros que la vida te pone en el camino son quizá los que tienes que aprender a atravesar para poder contribuir al mundo. En tus debilidades también puedes encontrar tus fortalezas. Pase lo que pase, por más oscuridad que haya, la luz jamás te dará la espalda.

No podemos salvar a nadie ni podemos evitar que el mundo sea lo que en estos momentos es, pero sí podemos convertirnos en refugios seguros. Podemos ofrecer nuestros dones y nuestro camino recorrido para tratar de hacer que otros dejen de sufrir de la manera que sea. Y para mí, eso es un arte. Porque arte es todo aquello que de alguna forma acaba por devolverte a la vida. Y, ante todo, esto es lo único que a veces queda: confiar, confiar en el poder que la oscuridad tiene para transformarnos.

Recuerda que a veces, para encontrar consuelo, puede ser bonito poner atención en la naturaleza. Por ejemplo, fíjate en que las semillas solo germinan en un lugar oscuro, profundo y húmedo, pero, aun así, casi siempre acaban floreciendo, transmitiendo su belleza al mundo. ¿Y a qué me refiero con esto? A que te prometo que, por más profundo, oscuro y húmedo que sea el lugar donde te encuentres ahora mismo, quizá solo estás floreciendo y, por lo tanto, necesitas esa oscuridad para poder aprender a reconocer la luz que vive en ti. Y eso también es vida.

❖

Hoy duele, pero te prometo que mañana transforma.

❖

Como decía un texto muy bello que compartió mi madre un día conmigo: «Cuando aparece un arcoíris no significa que la tormenta nunca sucedió. Lo que significa es que algo hermoso y lleno de luz apareció en medio de la oscuridad de las nubes. Las nubes de la tormenta pueden todavía amenazar, pero el arcoíris provee un balance de color, energía y esperanza».

EPÍLOGO

Querida lectora, a pesar del vaivén de la vida, sigue caminando. Nunca dejes de hacerlo. El dolor, la desesperanza, la sensación de rechazo o de abandono y otros tantos sentires van a seguir viajando contigo. Lo sé, soy consciente de que es difícil de aceptar, de comprender, de abrazar. Pero tu capacidad para hacer frente a la dualidad de todo ello cambiará a medida que vayas dando pasos y vayas descubriendo tus propios recursos, que ya están contigo. Y sí, es verdad que el pasado no desaparece y que en el fondo siempre seguirá vivo en el interior de cada uno. Y no, nadie puede olvidarlo, pero sí que está en tus manos poder trabajar en ti para que los recuerdos dolorosos no tomen las riendas de tu destino y puedas sentirte libre por fin.

Ten en cuenta que sanar en la vida no se trata de cambiar, mejorar o superar algo. Se trata de escucharte, de sentir, de comprenderte, de elegir la autocompasión y comenzar a hablarte bonito. Se trata de darte más amor o aceptación incluso a aquellas partes de ti que más tiendes a rechazar y que menos quieres que vean la luz. A aquellas partes oscuras que crees difíciles de amar. Porque sanar no es convertirte en la mejor versión de ti misma, sino dejar que incluso «la peor» versión de ti misma sea amada.

De hecho, lo irónico de este proceso es que sucede cuando dejas de forzarte a ser alguien más que tú mismo. Puede que haya crecido en ti la idea de que para poder sanar hay que convertirse en una versión perfecta de ti y eso no es real. Sanar es reconocer que cada versión tuya merece amor, ternura, cariño y aceptación por muy imperfecta que sea. Porque todas somos así, «perfectamente imperfectas». El amor propio y el amor hacia los demás solo puede darse cuando aprendemos a amar lo que tan solo es, sin forzarlo a ser.

Decía Bert Hellinger: «Únicamente podemos amar lo imperfecto. Solo de lo imperfecto nace un impulso de crecimiento, no de lo perfecto». Y así es. Esto no significa que no tengas que trabajar en ti y en varias cosas, de ninguna forma. Solo que la transformación y el encuentro con tu auténtico yo se da cuando das el gran paso de abrirte a conocerte. Desde ahí, desde la comprensión y la aceptación de todo lo que eres (tu luz, tus dones, tus sombras y dolores), es cuando de verdad puedes comenzar a crear paso a paso una nueva forma de vivir más conectada con lo que, en realidad, deseas para ti y para todos los demás. Porque sí, te prometo que hay un propósito en ser quien eres verdaderamente. Un propósito que le otorga sentido a tu vida y te invita a ser un poco mejor cada día. Contigo misma y con el mundo.

Así que deseo que puedas aprender a guiarte en tu viaje cada vez más desde el cultivo de la compasión, que puedas permitirte dejar de medir tu cuerpo por cómo se ve y, en cambio, puedas abrazarlo por todo lo que hace por ti. Que cuides de tu sentir, de tus emociones y de cada una de ellas, porque todas son igual de importantes y traen para ti valiosos mensajes. Que puedas serle fiel a tus valores personales para que puedas sentirte orgullosa de ser la gran persona que eres. Y que al mismo tiempo puedas elegir quedarte con cada una de las diferentes versiones que viven en ti, porque en todas ellas también estás tú y no hay nada malo en ello. Pase lo que pase, ya eres suficiente.

Lo dicho, deseo que puedas darte el derecho de vivir tu verdad. Si eso conlleva tener que salirte del camino recto las veces que puedas necesitarlo, aunque duela, por favor, hazlo y pide ayuda si no puedes hacerlo sola. Pero hazlo. Deja de escapar de tu oscuridad, deja de escapar de ti misma, porque ya has visto que eso no ayuda. Ya sabes que es inevitable que aquellas sombras y heridas que más rechazas son las que más acaban por hacerse grandes y controlarte. Por eso aprende a integrarlas, a mirarlas y a aceptarlas para que no salgan al mundo en su versión más destructiva, contra ti misma y contra los otros.

Es imposible que sea verano dentro de ti todo el año. Date el permiso de caminar por cada una de las estaciones que forman parte de tu naturaleza humana. Ya lo decía Carl Jung: «Ningún árbol puede crecer hasta el cielo a menos que sus raíces lleguen al infierno». Así que abraza tus sombras porque en ellas también hay luz.

Por encima de todo, confía. Confía en ti y confía en la vida. Te aseguro que existen personas bonitas en el mundo con quien poder permitirte ser quien necesites ser en realidad, aunque por el camino quizá te hayas cruzado con otras que se hayan aprovechado de tu gran corazón. Sé que es duro, pero, aun así, desde aquí te pido que no cierres las puertas de tu casa interna. La vulnerabilidad es la esencia de las relaciones sanas y auténticas.

Conócete, cuídate, trabaja en ti, en tus defensas y corazas. Escucha las señales que se manifiesten a través de la sabiduría de tu cuerpo para que puedas ser capaz de identificarlas y decidir quedarte con ellas. Date el permiso de marcharte de aquellos lugares que te hagan mucho daño.

Ahora, baja de la mente a tu presente. Que no se te vaya la vida imaginándote otra, con mucho cariño te lo digo. Tu autenticidad es tu poder, descubre tu diferencia. No te quedes donde tu luz se apague. Eres un ser único y eso es lo maravilloso. Y, como me dijo a mí alguna vez un sabio anciano irlandés: «Nunca te olvides de que a donde va tu atención, va tu energía; y a donde se dirija tu energía, al final eso crece». Quizá al final la vida no se trate tanto de encontrarte a ti misma, sino de crearte a ti misma a cada paso.

Por último y de corazón, si has llegado hasta aquí, me gustaría darte las gracias. Gracias por ser y gracias por haber permitido que todas estas palabras tengan un hueco bonito dentro de tu precioso mundo. De verdad, deseo con toda mi alma que hayas podido sentirte arropada por cada uno de estos recordatorios durante este viaje, tanto como a mí me lo han hecho sentir a lo largo del mío propio. Escribir este libro para mí ha sido todo un camino de fe y descubrimiento y, cómo no, también parte de mi propósito. Confío en que para ti leerlo haya podido ser al mismo tiempo parte también del tuyo propio.

Ha llegado la hora de despedirnos. En el fondo te confieso que no siento que esto sea un adiós, o al menos no uno definitivo. A pesar de todo, sé que seguiremos juntas y nos encontraremos en este camino cada vez que necesites volver a releer alguna página del libro para recorrer de nuevo cualquier ruta desde una mirada mucho más sabia y comprensiva.

Tengo muchísima fe en ti y en tu proceso único y maravilloso.

Te envío un fuerte abrazo con muchas dosis de amor.

Con amor,

MARÍA

AGRADECIMIENTOS

En primer lugar, quiero empezar dándole las gracias a la persona que me ha acompañado a comenzar a abrazar mis sombras y descubrir mi luz a lo largo de estos últimos años en mi propia terapia personal. Laura Castellanos, gracias de todo corazón por esa humanidad compartida, por guiarme en el camino de la autoaceptación y compasión, por ayudarme a ser un poco más libre durante cada uno de nuestros encuentros y por darme la mano cuando no encontraba la salida.

A mamá y a papá, gracias por haberme dado la vida y haberme dado motivos para poder honrarla y aceptarla tal y como es, con cada episodio de luz y sombra. Os quiero y os prometo que todo está bien.

A mi hermana Isabel, gracias por ser un pilar de luz fundamental. Gracias por cuidarme y abrazarme cuando el mundo se me caía encima. Y gracias también a ti, Fernando, mi pequeño hermano, por llenar mi vida de ternura y de un poco de locura.

A Nuria Carmona y a Susana Cano, gracias por ayudarme a abrir las puertas del inconsciente a través de la creatividad y el arte, por acompañarme con mucho amor en mi camino profesional como arteterapeuta y terapeuta humanista.

Al grupo de amigos y amigas de Toledo, gracias por ser un lugar de ocio, apoyo y refugio durante todo este tiempo y mientras la vida nos permita seguir caminando juntos. Tenéis un corazón enorme y es por lo que más os quiero y admiro.

A mi comunidad de Instagram, Facebook y TikTok, gracias por el gran sostén que me habéis brindado a lo largo de este viaje a través de vuestros bellos mensajes.

A todas las personas que no nombro y que también formáis parte de mi vida desde el cariño y la admiración más incondicional (amigos, conocidos y familiares), gracias por estar ahí, por todas las lecciones de vida compartidas e inspiradas, por vuestra calidez humana. Os llevo en el alma.

A Alba Gort, mi editora, gracias por haberme acompañado con tanto cariño, bondad y sensibilidad a lo largo de este bello proceso creativo. Por haber confiado en mí como autora mucho antes de que yo pudiera abrirme a dejarme llevar por la magia que envuelve el camino de la escritura.

Y, cómo no, desde aquí también le envío un abrazo lleno de amor y agradecimiento al cielo: Querido Stephen, tu sabiduría seguirá viva viajando para siempre a mi lado. «Keep your focus and you will do great things» (Mantén el foco y harás grandes cosas), me dijiste en el último mensaje que compartimos por teléfono antes de saber que te habías ido de este mundo. Aquí tienes este libro como prueba y promesa de que estoy poniendo mi granito de arena para que el mundo pueda ser un lugar un poco más humano. Parte de esta obra es también tuya hoy.

Por último, gracias, Alex. Has sido, eres y serás un gran maestro para mí. Con mucho dolor llegaste a mi vida para recordarme para qué estaba aquí y hacia dónde merecía la pena poner el corazón en la creación de una vida auténtica. Confío en que tú también puedas volver a recordar quién eres cuando crezcas un poco. Y también confío en que, a lo largo de tu camino, puedas conectar con este libro que, en gran parte, has inspirado tú.

BIBLIOGRAFÍA

BERNE, Eric, *Juegos en los que participamos*, Barcelona, RBA, 2007.

—, *Transactional analysis in psychotherapy*, Londres, Souvenir Press.

BORJA, Guillermo, *La locura lo cura* (1995). Prólogo: Claudio Naranjo, Barcelona, Ediciones la Llave, 2011.

BOURBEAU, Lise, *Las cinco heridas que impiden ser uno mismo*, Tenerife, Ob Stare, 2014.

BRACH, Tara, *Aceptación Radical*, Móstoles, Gaia, 2014.

BROWN, Brené, *Los dones de la imperfección*, Móstoles, Gaia, 2016.

BUCAY, Jorge, *El camino de las lágrimas*, Barcelona, Grijalbo, 2006.

—, *El verdadero valor del anillo* < https://www.youtube.com/watch?v=tuv8_y30nVI>

CAMUS, Albert, *Bodas y El verano* (1941-1953), traducción: Luis Alberto Bixio y Auro Bernárdez, Barcelona, Debolsillo, 2021.

CHAPMAN, Gary, *Los cinco lenguajes del amor*, Medley, Unilit, 2020.

CHÖDRÖN, Pema, *El camino de la compasión: cómo convertirnos en bodhisattvas*, traducción: Alfonso Taboada, Móstoles, Gaia, 2020.

CYRULNIK, Boris, *Los Patitos Feos*, traducción: María Pons Irazazábal, Barcelona, Debolsillo, 2013.

EGER, Edith, *La bailarina de Auschwitz*, traducción: Jorge Paredes, Barcelona, Booket, 2019.

FISHER, Robert, *El caballero de la armadura oxidada*, traducción: Verónica D. Ornellas Radziwil, Barcelona, Obelisco, 1997.

FRANKL, Viktor E., *El hombre en busca de sentido*, traducción: Comité de traducción al español, Barcelona, Herder, 2015.

FREUD, Anna, *El yo y los mecanismos de defensa*, traducción: Y. P. Cárcamo y C. E. Cárcamo, Barcelona, Ediciones Paidós, 1980.

GARRIGA BACARDÍ, Joan, *Vivir en el alma*, Barcelona, Rigden Institut Gestalt, 2015.

GIMENO-BAYÓN, Ana, Ramón ROSAL, *Psicoterapia integradora humanista*, Bilbao, Desclée de Brouwer, 2018.

GONZÁLEZ-VAZQUEZ, Ana Isabel, Dolores MOSQUERA-BARRAL, Jim KNIPE, Andrew M. LEEDS, Miguel Ángel SANTED-GERMAN, «Construction and initial validation of a scale to evaluate self-care patterns: The Self-Care Scale», *Clinical Neuropsychiatry*, vol. 15, n.º 6, diciembre de 2018, pp. 373-378, <https://www.clinicalneuropsychiatry.org/download/construction-and-initial-validation-of-a-scale-to-evaluate-self-care-patterns-the-self-care-scale/>

GONZÁLEZ, Anabel, *No soy yo: Entendiendo el trauma complejo, el apego, y la disociación: una guía para pacientes*, Anabel González (autoeditado), 2017.

GREEN, John, *Buscando a Alaska*, traducción: Cecilia Aura Cross, Barcelona, Nube de tinta, 2014.

HARRIS, Russ, *La trampa de la felicidad*, traducción: Gema Moraleda, Barcelona, Booket, 2023.

HAY, Louise L., *El poder está dentro de ti*, traducción: Amelia Brito, Barcelona, Books4pocket, 2007.

HELLINGER, Bert, *Religión, psicoterapia, cura de almas: Textos recopilados*, traducción: Sylvia Kabelka, Herder Editorial, 2001.

Issa, Maïté, *Tu éxito es inevitable*, Barcelona, Grijalbo, 2022.

Kant, Immanuel, *Crítica de la razón práctica* (1788), traducción: Emilio Miñana y García Villagrasa, Madrid, Tecnos, 2017.

Laborda, Yvonne, *Dar voz al niño*, Barcelona, Grijalbo, 2022.

Maslow, Abraham H., *A Theory of Human Motivation* (1943), Delhi-Londres, Grapevine India, 2022.

Maté, Gabor, *El mito de la normalidad: Trauma, enfermedad y sanación en una cultura tóxica*, Barcelona, Tendencias, 2023.

Murakami, Haruki, *Kafka en la orilla*, traducción: Lourdes Porta Fuentes, Barcelona, Tusquets Editores, 2006.

Neff, Kristin, *Sé amable contigo mismo: El arte de la compasión hacia uno mismo*, traducción: Remedios Diefuez, Barcelona, Paidós, 2016.

Pubill, María José, *Guía para la intervención emocional breve*, Barcelona, Ediciones Paidós, 2016.

Quindlen, Anna, *Being perfect*, Nueva York, Random House, 2009.

Riso, Walter, *¿Amar o depender?: Cómo superar el apego afectivo y hacer del amor una experiencia plena y saludable*, Barcelona, Zenith, 2014.

Saint-Exupéry, Antoine de, *El Principito* (1943), traducción: Bonifacio del Carril, Salamandra Infantil y Juvenil, 2022.

Schwartz, Richard C., *No hay partes malas*, prólogo: Alanis Morissette, traducción: Marta Milian Ariño, Sitges, Eleftheria, 2021.

Sierra i Fabra, Jordi, *Kafka y la muñeca viajera*, Madrid, Siruela, 2022.

Ware, Bronnie, *Top Five Regrets of the Dying: A Life Transformed by the Dearly Departing*, Londres, Hay House UK, 2019.

Zweig, Connie, *Encuentro con la sombra: el poder del lado oscuro de la naturaleza humana*, prólogo: Fernando Mora, traducción: David González Raga y Mora Zahonero, Barcelona, Kairos, 1993.

Este libro se terminó de imprimir
en el mes de mayo de 2024